U0122919

心一堂術數古籍珍本叢刊

書名：安溪地話（風水正原二集）

系列：心一堂術數古籍珍本叢刊　堪輿類　第二輯　157

作者：【清】余天藻

主編、責任編輯：陳劍聰

心一堂術數古籍珍本叢刊編校小組：陳劍聰　素聞　鄒偉才　虛白盧主

出版：心一堂有限公司

通訊地址：香港九龍旺角彌敦道六一〇號荷李活商業中心十八樓〇五一〇六室

深港讀者服務中心·中國深圳市羅湖區立新路六號羅湖商業大廈負一層〇〇八室

電話號碼：(852)67150840

網址：publish.sunyata.cc

電郵：sunyatabook@gmail.com

網店：http://book.sunyata.cc

淘寶店地址：https://shop210782774.taobao.com

微店地址：https://weidian.com/s/1212826297

臉書：https://www.facebook.com/sunyatabook

讀者論壇：http://bbs.sunyata.cc/

版次：二零一九年四月初版

平裝

國際書號：ISBN 978-988-8582-56-3

定價：港幣　一百九十八元正
　　　新台幣　七百九十八元正

版權所有　翻印必究

香港發行：香港聯合書刊物流有限公司

地址：香港新界大埔汀麗路36號中華商務印刷大廈3樓

電話號碼：(852)2150-2100

傳真號碼：(852)2407-3062

電郵：info@suplogistics.com.hk

台灣發行：秀威資訊科技股份有限公司

地址：台灣台北市內湖區瑞光路七十六巷六十五號一樓

電話號碼：+886-2-2796-3638

傳真號碼：+886-2-2796-1377

網絡書店：www.bodbooks.com.tw

台灣秀威書店讀者服務中心：

地址：台灣台北市中山區松江路二〇九號一樓

電話號碼：+886-2-2518-0207

傳真號碼：+886-2-2518-0778

網絡書店：http://www.govbooks.com.tw

中國大陸發行　零售：深圳心一堂文化傳播有限公司

深圳地址：深圳市羅湖區立新路六號羅湖商業大廈負一層〇〇八室

電話號碼：(86)0755-82224934

心一堂微店二維碼

心一堂淘寶店二維碼

心一堂術數古籍 珍本 整理 叢刊 總序

術數定義

術數，大概可謂以「推算（推演）、預測人（個人、群體、國家等）、事、物、自然現象、時間、空間方位等規律及氣數，並或通過種種『方術』，從而達致趨吉避凶或某種特定目的」之知識體系和方法。

術數類別

我國術數的內容類別，歷代不盡相同，例如《漢書・藝文志》中載，漢代術數有六類：天文、曆譜、五行、蓍龜、雜占、形法。至清代《四庫全書》，術數類則有：數學、占候、相宅相墓、占卜、命書、相書、陰陽五行、雜技術等，其他如《後漢書・方術部》、《藝文類聚・方術部》、《太平御覽・方術部》等，對於術數的分類，皆有差異。古代多把天文、曆譜、及部分數學均歸入術數類，而民間流行亦視傳統醫學作為術數的一環；此外，有些術數與宗教中的方術亦往往難以分開。現代民間則常將各種術數歸納為五大類別：命、卜、相、醫、山，通稱「五術」。

本叢刊在《四庫全書》的分類基礎上，將術數分為九大類別：占筮、星命、相術、堪輿、選擇、三式、讖諱、理數（陰陽五行）、雜術（其他）。而未收天文、曆譜、算術、宗教方術、醫學。

術數思想與發展——從術到學，乃至合道

我國術數是由上古的占星、卜筮、形法等術發展下來的。其中卜筮之術，是歷經夏商周三代而通過「龜卜、蓍筮」得出卜（筮）辭的一種預測（吉凶成敗）術，之後歸納並結集成書，此即現傳之《易

經》。經過春秋戰國至秦漢之際，受到當時諸子百家的影響、儒家的推崇，遂有《易傳》等的出現，原本是卜筮術書的《易經》，被提升及解讀成有包涵「天地之道（理）」之學。因此，《易‧繫辭傳》曰：「易與天地準，故能彌綸天地之道。」

漢代以後，易學中的陰陽學說，與五行、九宮、干支、氣運、災變、律曆、卦氣、讖緯、天人感應說等相結合，形成易學中象數系統。而其他原與《易經》本來沒有關係的術數，如占星、形法、選擇，亦漸漸以易理（象數學說）為依歸。《四庫全書‧易類小序》云：「術數之興，多在秦漢以後。要其旨，不出乎陰陽五行，生尅制化。實皆《易》之支派，傅以雜說耳。」至此，術數可謂已由「術」發展成「學」。

及至宋代，術數理論與理學中的河圖洛書、太極圖、邵雍先天之學及皇極經世等學說給合，通過術數以演繹理學中「天地中有一太極，萬物中各有一太極」（《朱子語類》）的思想。術數理論不單已發展至十分成熟，而且也從其學理中衍生一些新的方法或理論，如《梅花易數》、《河洛理數》等。

在傳統上，術數功能往往不止於僅僅作為趨吉避凶的方術，及「能彌綸天地之道」的學問，亦有其「修心養性」的功能，「與道合一」（修道）的內涵。《素問‧上古天真論》：「上古之人，其知道者，法於陰陽，和於術數。」數之意義，不單是外在的算數、歷數、氣數，而是與理學中同等的「道」、「理」──心性的功能，北宋理氣家邵雍對此多有發揮：「聖人之心，是亦數也」、「萬化萬事生乎心」、「心為太極」。《觀物外篇》：「先天之學，心法也。……蓋天地萬物之理，盡在其中矣，心一而不分，則能應萬物。」反過來說，宋代的術數理論，受到當時理學、佛道及宋易影響，認為心性本質上是等同天地之太極。天地萬物氣數規律，能通過內觀自心而有所感知，即是內心也已具備有術數的推演及預測、感知能力；相傳是邵雍所創之《梅花易數》，便是在這樣的背景下誕生。

《易‧文言傳》已有「積善之家，必有餘慶；積不善之家，必有餘殃」之說，至漢代流行的災變說及讖緯說，我國數千年來都認為天災，異常天象（自然現象），皆與一國或一地的施政者失德有關；下

至家族、個人之盛衰，也都與一族一人之德行修養有關。因此，我國術數中除了吉凶盛衰理數之外，人心的德行修養，也是趨吉避凶的一個關鍵因素。

術數與宗教、修道

在這種思想之下，我國術數不單只是附屬於巫術或宗教行為的方術，又往往是一種宗教的修煉手段。通過術數，以知陰陽，乃至合陰陽（道）。「其知道者，法於陰陽，和於術數。」例如，「奇門遁甲」術中，即分為「術奇門」與「法奇門」兩大類。「法奇門」中有大量道教中符籙、手印、存想、內煉的內容，是道教內丹外法的一種重要外法修煉體系。甚至在雷法一系的修煉上，亦大量應用了術數內容。此外，相術、堪輿術中也有修煉望氣（氣的形狀、顏色）的方法；堪輿家除了選擇陰陽宅之吉凶外，也有道教中選擇適合修道環境（法、財、侶、地中的地）的方法，以至通過堪輿術觀察天地山川陰陽之氣，亦成為領悟陰陽金丹大道的一途。

易學體系以外的術數與的少數民族的術數

我國術數中，也有不用或不全用易理作為其理論依據的，如揚雄的《太玄》、司馬光的《潛虛》。也有一些占卜法、雜術不屬於《易經》系統，不過對後世影響較少而已。

外來宗教及少數民族中也有不少雖受漢文化影響（如陰陽、五行、二十八宿等學說。）但仍自成系統的術數，如古代的西夏、突厥、吐魯番等占卜及星占術，藏族中有多種藏傳佛教占卜術、苯教占卜術、擇吉術、推命術、相術等；北方少數民族有薩滿教占卜術；不少少數民族如水族、白族、布朗族、佤族、彝族、苗族等，皆有占雞（卦）草卜、雞蛋卜等術，納西族的占星術、占卜術，彝族畢摩的推命術、占卜術……等等，都是屬於《易經》體系以外的術數。相對上，外國傳入的術數以及其理論，對我國術數影響更大。

曆法、推步術與外來術數的影響

我國的術數與曆法的關係非常緊密。早期的術數中，很多是利用星宿或星宿組合的位置（如某星在某州或某宮某度）付予某種吉凶意義，并據之以推演，例如歲星（木星）、月將（某月太陽所躔之宮次）等。不過，由於不同的古代曆法推步的誤差及歲差的問題，若干年後，其術數所用之星辰的位置，已與真實星辰的位置不一樣了；此如歲星（木星），早期的曆法及術數以十二年為一周期（以應地支），與木星真實周期十一點八六年，每幾十年便錯一宮。後來術家又設一「太歲」的假想星體來解決，是歲星運行的相反，週期亦剛好是十二年。而術數中的神煞，很多即是根據太歲的位置而定。又如六壬術中的「月將」，原是立春節氣後太陽躔娵訾之次，當時沈括提出了修正，但明清時六壬術中「月將」仍然沿用宋代沈括修正的起法沒有再修正。

由於以真實星象周期的推步術是非常繁複，而且古代星象推步術本身亦有不少誤差，大多數術數除依曆書保留了太陽（節氣）、太陰（月相）的簡單宮次計算外，漸漸形成根據干支、日月等的各自起例，以起出其他具有不同含義的眾多假想星象及神煞系統。唐宋以後，我國絕大部分術數都主要沿用這一系統，也出現了不少完全脫離真實星象的術數，如《子平術》、《紫微斗數》、《鐵版神數》等。後來就連一些利用真實星辰位置的術數，如《七政四餘術》及選擇法中的《天星選擇》，也已與假想星象及神煞混合而使用了。

隨着古代外國曆（推步）、術數的傳入，如唐代傳入的印度曆法及術數，元代傳入的回回曆等，其中我國占星術便吸收了印度占星術中羅睺星、計都星等而形成四餘星，又通過阿拉伯占星術而吸收了其中來自希臘、巴比倫占星術的黃道十二宮、四大（四元素）學說（地、水、火、風），並與我國傳統的二十八宿、五行說、神煞系統並存而形成《七政四餘術》。此外，一些術數中的北斗星名，不用我國傳統的星名：天樞、天璇、天璣、天權、玉衡、開陽、搖光，而是使用來自印度梵文所譯的：貪狼、巨

門、祿存、文曲，廉貞、武曲、破軍等，此明顯是受到唐代從印度傳入的曆法及占星術所影響。如星命術中的《紫微斗數》及堪輿術中的《撼龍經》等文獻中，其星皆用印度譯名。及至清初《時憲曆》，置閏之法則改用西法「定氣」。清代以後的術數，又作過不少的調整。

此外，我國相術中的面相術、手相術，唐宋之際受印度相術影響頗大，至民國初年，又通過翻譯歐西、日本的相術書籍而大量吸收歐西相術的內容，形成了現代我國坊間流行的新式相術。

陰陽學——術數在古代、官方管理及外國的影響

術數在古代社會中一直扮演着一個非常重要的角色，影響層面不單只是某一階層、某一職業、某一年齡的人，而是上自帝王，下至普通百姓，從出生到死亡，不論是生活上的小事如洗髮、出行等，大事如建房、入伙、出兵等，從個人、家族以至國家，從天文、氣象、地理到人事、軍事，從民俗、學術到宗教，都離不開術數的應用。我國最晚在唐代開始，已把以上術數之學，稱作陰陽（學），行術數者稱陰陽人。（敦煌文書、斯四三二七唐《師師漫語話》：「以下說陰陽人謾語話」，此說法後來傳入日本，今日本人稱行術數者為「陰陽師」）。一直到了清末，欽天監中負責陰陽術數的官員中，以及民間術數之士，仍名陰陽生。

古代政府的中欽天監（司天監），除了負責天文、曆法、輿地之外，亦精通其他如星占、選擇、堪輿等術數，除在皇室人員及朝庭中應用外，也定期頒行日書、修定術數，使民間對於天文、日曆用事吉凶及使用其他術數時，有所依從。

我國古代政府對官方及民間陰陽學及陰陽官員，從其內容、人員的選拔、培訓、認證、考核、律法監管等，都有制度。至明清兩代，其制度更為完善、嚴格。

宋代官學之中，課程中已有陰陽學及其考試的內容。（宋徽宗崇寧三年〔一一零四年〕崇寧算學令：「諸學生習……並曆算、三式、天文書。」「諸試……三式即射覆及預占三日陰陽風雨。天文即預

五

定一月或一季分野災祥，並以依經備草合問為通。

金代司天臺，從民間「草澤人」（即民間習術數人士）考試選拔：「其試之制，以《宣明曆》試推步，及《婚書》、《地理新書》試合婚、安葬，並《易》筮法、六壬課、三命、五星之術。」（《金史》卷五十一·志第三十二·選舉一）

元代為進一步加強官方陰陽學對民間的影響、管理、控制及培育，除沿襲宋代、金代在司天監掌管陰陽學及中央的官學陰陽學課程之外，更在地方上增設陰陽學課程（《元史·選舉志一》：「世祖至元二十八年夏六月始置諸路陰陽學。」）地方上也設陰陽學教授員，培育及管轄地方陰陽人。（《元史·選舉志一》：「（元仁宗）延祐初，令陰陽人依儒醫例，於路、府、州設教授員，凡陰陽人皆管轄之，而上屬於太史焉。」）自此，民間的陰陽術士（陰陽人），被納入官方的管轄之下。

至明清兩代，陰陽學制度更為完善。中央欽天監掌管陰陽學，明代地方縣設陰陽學正術，各州設陰陽學典術，各縣設陰陽學訓術。陰陽人從地方陰陽學肄業或被選拔出來後，再送到欽天監考試。（《大明會典》卷二二三：「凡天下府州縣舉到陰陽人堪任正術等官者，俱從吏部送（欽天監），考中，送回選用；不中者發回原籍為民，原保官吏治罪。」）清代大致沿用明制，凡陰陽術數之流，悉歸中央欽天監及地方陰陽官員管理、培訓、認證。至今尚有「紹興府陰陽印」、「東光縣陰陽學記」等明代銅印，及某某縣某某之清代陰陽執照等傳世。

清代欽天監漏刻科對官員要求甚為嚴格。《大清會典》「國子監」規定：「凡算學之教，設肄業生。滿洲十有二人，蒙古、漢軍各六人，於各旗官學內考取。漢十有二人，於舉人、貢監生童內考取。附學生二十四人，由欽天監選送。教以天文演算法諸書，五年學業有成，舉人引見以欽天監博士用，貢監生童以天文生補用。」學生在官學肄業、貢監生肄業或考得舉人後，經過了五年對天文、算法、陰陽學的學習，其中精通陰陽術數者，會送往漏刻科。而在欽天監供職的官員，《大清會典則例》「欽天監」規定：「本監官生三年考核一次，術業精通者，保題升用。不及者，停其升轉，再加學習。如能黽

勉供職，即予開復。仍不及者，降職一等，再令學習三年，能習熟者，准予開復，仍不能者，黜退。」除定期考核以定其升用降職外，《大清律例》中對陰陽術士不準確的推斷（妄言禍福）是要治罪的。《大清律例・一七八・術七・妄言禍福》：「凡陰陽術士，不許於大小文武官員之家妄言禍福，違者杖一百。其依經推算星命卜課，不在禁限。」大小文武官員延請的陰陽術士，自然是以欽天監漏刻科官員或地方陰陽官員為主。

官方陰陽學制度也影響鄰國如朝鮮、日本、越南等地，一直到了民國時期，鄰國仍然沿用着我國的多種術數。而我國的漢族術數，在古代甚至影響遍及西夏、突厥、吐蕃、阿拉伯、印度、東南亞諸國。

術數研究

術數在我國古代社會雖然影響深遠，「是傳統中國理念中的一門科學，從傳統的陰陽、五行、九宮、八卦、河圖、洛書等觀念作大自然的研究。……傳統中國的天文學、數學、煉丹術等，要到上世紀中葉始受世界學者肯定。可是，術數還未受到應得的注意。術數在傳統中國科技史、思想史，文化史、社會史，甚至軍事史都有一定的影響。……更進一步了解術數，我們將更能了解中國歷史的全貌。」（何丙郁《術數、天文與醫學中國科技史的新視野》，香港城市大學中國文化中心。）

可是術數至今一直不受正統學界所重視，加上術家藏秘自珍，又揚言天機不可洩漏，「（術數）乃吾國科學與哲學融貫而成一種學說，數千年來傳衍嬗變，或隱或現，全賴一二有心人為之繼續維繫，賴以不絕，其中確有學術上研究之價值，非徒癡人說夢，荒誕不經之謂也。其所以至今不能在科學中成立一種地位者，實有數因。蓋古代士大夫階級目醫卜星相為九流之學，多恥道之；而發明諸大師又故為恍迷離之辭，以待後人探索；間有一二賢者有所發明，亦秘莫如深，既恐洩天地之秘，復恐譏為旁門左道，始終不肯公開研究，成立一有系統說明之書籍，貽之後世。故居今日而欲研究此種學術，實一極困難之事。」（民國徐樂吾《子平真詮評註》，方重審序）

現存的術數古籍，除極少數是唐、宋、元的版本外，絕大多數是明、清兩代的版本。其內容也主要是明、清兩代流行的術數，唐宋或以前的術數及其書籍，大部分均已失傳，只能從史料記載、出土文獻、敦煌遺書中稍窺一鱗半爪。

術數版本

坊間術數古籍版本，大多是晚清書坊之翻刻本及民國書賈之重排本，其中豕亥魚魯，或任意增刪，往往文意全非，以至不能卒讀。現今不論是術數愛好者，還是民俗、史學、社會、文化、版本等學術研究者，要想得一常見術數書籍的善本、原版，已經非常困難，更遑論如稿本、鈔本、孤本等珍稀版本。

在文獻不足及缺乏善本的情況下，要想對術數的源流、理法、及其影響，作全面深入的研究，幾不可能。

有見及此，本叢刊編校小組經多年努力及多方協助，在海內外搜羅了二十世紀六十年代以前漢文為主的術數類善本、珍本、鈔本、孤本、稿本、批校本等數百種，精選出其中最佳版本，分別輯入兩個系列：

一、心一堂術數古籍珍本叢刊
二、心一堂術數古籍整理叢刊

前者以最新數碼（數位）技術清理、修復珍本原本的版面，更正明顯的錯訛，部分善本更以原色彩色精印，務求更勝原本。并以每百多種珍本、一百二十冊為一輯，分輯出版，以饗讀者。

後者延請、稿約有關專家、學者，以善本、珍本等作底本，參以其他版本，古籍進行審定、校勘、注釋，務求打造一最善版本，方便現代人閱讀、理解、研究等之用。

限於編校小組的水平，版本選擇及考證、文字修正、提要內容等方面，恐有疏漏及舛誤之處，懇請方家不吝指正。

心一堂術數古籍　珍本　叢刊編校小組
心一堂術數古籍　整理　叢刊編校小組
二零零九年七月序
二零一四年九月第三次修訂

安溪地話

敘

余前刻風水正原集辨地理真偽積德求地擇師

安葬頗詳晰矣世上積德求地者亦有其人而把

師者多不得其師其在愚民無論矣吾見舉人進

士從師學地有行造葬數年之後家敗人亡非不

擇師之咎不知地理有真偽之咎也楊曾地理祇

有形家並無法家自唐元宗命一行造偽書以滅

海外。因有法家以訛傳訛。不能辨其真偽好奇者。
改頭換尾冒姓假名。名色逾多天下求口食者希
圖便易皆學法家不學形家讀書人不訪名師隨
聲附和誤入法家得一巒之味便以為美善而不
知有正味造塟者不知地理。即認不得師故所擇
皆法家天下人受法家之害者十有八九自古及
今。辨其真偽者無幾人。余考證四十年觀書百餘
部深知法家之非故勸造塟者要擇形家之師然

不知地理何由知其形家而擇之故又勸人學形

家方知汲汲之非此事也可為有德者道難為無

德者言余年過古稀因再作地話一卷續於風水

正原集之後以為積德求地者之助云。

　　四川敘州府文生安溪余天藻敘

同治五年丙寅孟冬月　　　　　穀旦

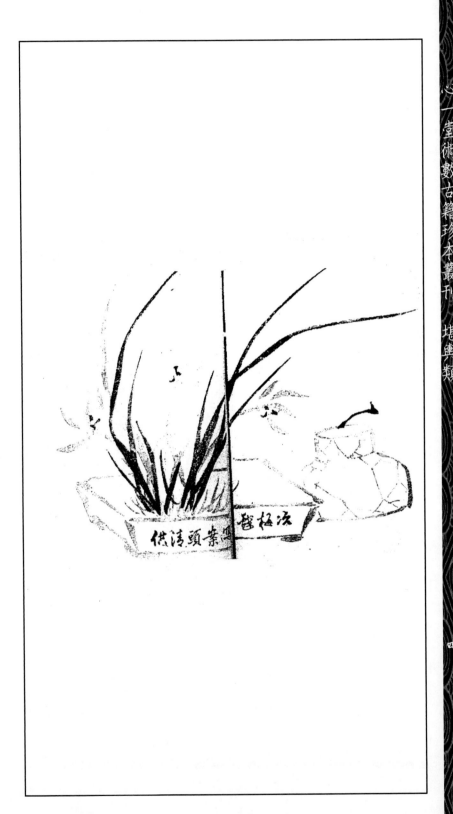

弁言

沈新周云為人子不知地理聽俗師指畫置其親

於水泉螻蟻之鄉與委之溝壑狐狸食之者同罪

何言之痛切若此誠以俗師習卦例論方位不講

究山形水勢錯誤已極使富貴之家忽焉而貧賤

團聚之家忽焉而散離貧賤之家不得翻身者皆

俗師危其親而菑其後也此道非入其門者不知

非受其害者不知俗師入旁門受害而仍不知余

初受俗師之害學地數十年益知新周之言非謬

禮云附身附棺必誠必信勿之有悔不知地理從

何而信信之俗師焉苟不悔為人子者精學形勢

勿為法家所惑則慎終之禮庶乎自盡而無悔矣

四川　敘州府　文生　安溪余天藻著

　　富順縣　　　小臣余贊襄校

蜀龜鑑云。明朝嘉靖三十八年我大清

太祖順治皇帝生於建州右衛　即俄漠　萬歷時江
惠之　　野

西南昌張儲客遊遼左歸語所親曰。

王氣在遼左矣兒童平伍多將相王侯其墓地三

十年後皆當大貴東牟其多事乎卒應其言可知

帝王雖是天生未嘗一不借地靈庶民家不敢妄希

富貴然祖父骸骨不可不安先人宗緒不可不延

若葬于風吹水劫蟻尋蛇泥冷之地何以安骸骨而

延宗緒乎故自古聖賢不以風水為非而以擇地

安葬為是

本朝通鑑云雍正八年。福建總督高其倬。問福本

形勢。順治蓮言其龍與永陵共祖同源分枝抽幹。

自長嶺之西行於渾河之批萬峯拱照羣水瀠洄。

惟是左畔水去夏日臨口流溢。以致弓抱之勢微

有外張必須順導河流方稱盡善優詔從之九月

特諭內閣曰高其倬所奏太平峪吉地事宜甚高其

妥協大凡讀書居家之人通曉壆與者甚少高其

倬封疆大臣原不以此見長乃其以國家之事莫

於安親昌後者宜鑒之

聖人迷生遠邁前古則地理關係誠非小矣有志

得形勢所以二百餘年

此觀之高其倬精於形勢雍正從重褒嘉我朝基

賣出於忠愛至誠之悃也着賞給一等哈哈番即

此為大協贊怡親王瓏熙有此重任籌度萬全此

人欲光大門閭定要前人塟得吉地如無好墳必

不發福余觀方中朱萬李王發巨富顯貴皆前人

塟有好墳自古及今姓姓如是從未有無好墳而

發大富貴者可見望後人昌大定要塟有好地為

後人種福根如無福根不必侈心妄想今之想福

者亦知福来有自耶

人欲圖富貴定要塟有吉地然吉地非俗師所能

點方中發富貴之墳訪聞皆是名師所點揶或藝

人、精地理、自杆然。則家有閒空人、何不學地理糕

形勢以為子孫計德厚者得上地享榮華德薄者

得中地受溫飽較之打牌下碁與浪遊相去遠矣

余有句云

人好打牌與下碁　不知學地訪名師

能精形勢得風水　富貴榮華方可期

昔年曾揚波先生愛風水精形勢朝日遊山尋地，

鄰人曰不做活路到處遊走不知後來吃甚麼會

聞之曰他門怕我莫吃我到有吃怕他門莫吃至

今後人出秀士收一二千租者多人可不知地理

數今之地師少有結果者不精形勢故也

乾隆時王尚孝友克全多行善事習地理求得名

師鄉祿在家數年得好地數穴李姓亦得數穴二

姓出進士五六人舉人百餘人廩貢拔貢百餘人

秀才三百餘人監生一千有零做官數十家巨富

百餘家至今百餘年富貴不替者皆王尚之功也

雖盛衰不齊。然舊墳力重。累有好墳接續。仍然發。

福。故此衰而彼又盛矣。然剝有力之家可不積德

以為求地之本學地以為得地之源與

居家人陰地好生成材子富貴方綿遠貧賤得翻

身陰地不好生敗家子富貴不長久貧賤難翻身。

此居家宜講究地理也。然欲講究地理必先講究

天理作事有天理埋身方有地理作事莫天理埋

身即莫天地。理雖朝日謀求必為法家所誤愈信地

愈受害故勸人學形家然不積德求不能信形家必信法家冥冥中自有主之者豈可使無德之家。

得藝其六耶。

認得形勢謂之名師認不得形勢謂之盲師今之法家皆盲師也然名師說他認不得地他更說名師認不得地直主人不知地理從何分別往往以名師為假而棄之以盲師為真而用之藝不得地實由於此今姑勸人學形勢有句云

自嗜名師道不行。肓師假術反爭鳴。

若非自已知形勢。想得佳城萬不能。

又有誤用肓師壞大敗之地。名師與他指明。仍堅

信肓師之言甘心受害而不悔者此是德薄之家

宴宴有主不可強也。

嘗云肓師遍天下名師一二人。自己不知地從何

辨假具名師棄不用肓師却相親若非修積摩斷

不得佳城。

讀書要擇師。地理更要擇師、讀書錯從師所讀猶
是孔孟書。地理錯從師、所學並非楊曾地理錯曾
相悸祇有形家並無法家。今之與人造墳醫皆是
法家少有形家匪但鄉民即學士大夫誤入法門、
其始也欲利己利人其既也即害人害己知走錯
路曉得回頭猶可救。今人牢不可破家散人亡猶
不知害更有人與他說明終執迷不悟欲救之而
無可救者令人難解。

法家相地以羅經為憑全認不得山形水勢所并
之穴非沙飛水走即水盡山窮其發禍最速者莫
如鬥煞經云鬥煞立見喪亡鄰邑兄弟舉人品學
兼優同學三元法家做官時家中改修陽宅六年
死十人同治二年請余至家余相陰宅無凶陽宅
截後脈大乳三丈餘宅坐乳上余曰截乳必定傷
來脈鬥煞衝刑災逼迫發凶即此宅速遷去不信
余言次年又死三人余惜之云。

弟兄品學兼優人、祇為陽居鬥煞溪。

我勸遷移伊不信、七年竟死十三人。

先生今歲又歸陰、鬥煞之言真不真、

有意救君君莫救、夜台應信術如神、

莘廉學地為法家所誤至於如此世之業地者可

不學形家歟、

四川五方雜處、湖廣籍人多廣東福建人次之、江
西人少有落業者、信地理惟廣東福建近見信地
人多發富貴、五省人亦多有信地者、然求地在修
德、余見世上有全無好事想求好地者、有些微做
點好事即想得好地者甚至有瞒心昧己枉取人
錢亦想求大地者豈知卜仙云吉地為神之所司
神、豈肯以吉地、與無善之人、耶故求地者往往遇
盲師而得假地、當局者昧、旁觀者清、余學地四十

年。從未見有無善行而得真地者。語云。無德人來
地。龍神矇眼睛。山山都走遍不見穴情真又云。善
事心真切名師也有人。近方都結地何必遠勞神。
求地者知之否耶

積德為求地之本世人須三復此話。

沈善衣食頗足。為人和平但無善功可紀喜風水
向余求地余告以欲求吉地宜多行善事他奢財
不為余亦未去用俗師買地數穴皆有水泥余見

有一穴不應生水教將此穴封貯又告以
聖帝籤極靈求之籤云莫怪盲師受害深也因自
己少功行孝親敬長仁民事自揣身中有幾分能
此醒悟行善事數年開看封貯之穴熱氣騰騰無
過之人吉地且不為之用若有過且多之人其能
得吉地耶。
鄭道南少貧性尅財後發萬金死後其子請余相
墓有水改葬別處後信乱象謂余葬有水開看墓

水仍信乱象言改葬別處數年財丁大損開看水

滿壙中救不出来尅財之罪大矣求

聖帝籤云尅財人有孽隨身死後應埋泥水坑爾

欲轉凶為吉穴除非大善濟蒼生其子吝財不作

善事十餘年間家業將盡矣生前造惡死後受罪

其誰知之

汪大盛家巨富請余相地余曰求地要多行善事

不然枉費足力他一善不為又来迫余吉相數日

無穴用俗師。買地數穴俱生水。余告以
關帝籤靈求之籤云。求地安親是孝心舜之大孝
在宜民急行善事。多培補方遇名師得妙墊始信
余言不謬從此。行善事矜孤恤寡敬老憐貧費銀
數千。余為扦二穴頗佳修成封閉二年熱氣薰蒸
他喜極深感余恩可見人不行善事雖修心想吉
地豈可得耶。

求地安墓亦屬情理。但宜善求無碍。古今墳塋

錙徙厚四下相安果真好地該你得自然作合者

與你無緣強作強為黑夜偷墓此地必假有禍無

福損人拆財余見多矣好地不生非生地不好

誠哉是言也有句云。

吉地千年不生非。一毫怨強不宜為

明人莫受盲師害 免得工工兩吃虧

世亂不獨人亂，即鬼亦亂。近時邪氣四起，假附此
象。教人賣地方，退稳租犬花銀錢，搬上砒。賊乎插
佔賊未至錢花完，搬不下砒者多矣。有教人晝夜
唸經賊來莫走。他嶮賊眼，賊至殺死捉去者多矣。
有畫避兵符教人帶在身旁能避刀兵賊至男殺
死女露淫捉去者多矣。有舉人言呂祖對他說賊
不到那方。教他莫走陰教至親契友數百人到那
方遊賊。賊至舉人殺死其子捉去。男女數百人非

殺死即爰淨捉去號声震天以外有富戶紳糧僑

信此等邪說賊来不走捉去治死者甚眾、又有道

人傳授剪紙為馬、撒荳成兵操習武埶事一發而

全家被誅尚有信其説學打習水醫病學煉氣。

抽坟藝地畫符驅邪持齋北素以致身家俱敗者

尤多初信受害苦於不知受害不攺不知何故豈

亦有宿數耶、有句云自古時衰鬼弄人愚民淺見

少知開身家未受無窮害誰信尼山不語神子不

語神即此等邪神也。何為執迷不悟耶

無錢之家隨便安葬不必論矣。無德之家求宜好

地隨便安葬不必論矣若中等人家無功無過衣

食饒足銀錢不多不缺此等人甚多應求吉地安

親剝後再加修積必享榮華令人往往吝惜銀錢

隨便安葬亦有不惜銀錢又在修齋誦莫上講究

門面大花銀錢不認真求地又有嫁女娶婦燕客

做生捨得銀錢獨於安葬父母不捨銀錢惟恐兄弟

兄亦有認真求地，又被盲師昏迷，仍與隨便安葬一樣，却不想父母磨苦一生祇受用一圍地土俗，師置之水泉螻蟻之中父母受罪人子之心安乎。送死大事此處不捨財何處捨財此時不盡心何時盡心況筋骨一壞子孫傾頹吝嗇人何愚昧至此。余嘗云隨便安托是薄視風吹水刧蟻來侵筋骸一壞丁難保縱有家財瞬息傾財宜惜不宜往此處惜世人知之否耶

江陽有一家厚道為人家不甚富其所敬重者、有

三、第一、第人待之頗厚第一地師第二館師第三醫

醫來家治病按日給錢一千一病醫至一二月久

謝禮都如是館穀甚厚外讀學穀一人或三四十

千五六十千禮儀尤豐至於地師敬之若神擇得

一師用之四五十年得地甚多他與地師積有萬

金家益富于弟入學廩拔將二十人出仕幾人至

大正發可造于弟猶多再加修積必發科甲顯宦

貧賤家要莖有好墳方可望富貴，富貴家前輩有
好墳矣又要新莖墳好富貴方長。如高祖墳好富
貴應在會元必高祖以下墳皆好富貴方長若高
祖墳好曾祖父墳皆不好發福人墳又不好富貴
能久乎好比父親一人好與家必眾兜孫好方能
保家若父親一人好眾兜孫皆不好家業能久乎
今人有一墳好眾坟多不好老坟發過後坟發凶
所以發福人死一敗如灰反說財被他帶去豈真

帶去哉一吉坟不能敵眾凶坟也余嘗云。

一墳發福數墳窮。　一吉何能敵眾凶。

再得佳城來接續。　高官顯爵永興隆。

可見富貴家要求好地、接續福澤方長然欲求好

地。必多行娇事不然終難得吉。

墳不好無論矣好墳蔭出富貴命人與家業發科

甲光大門閭莫說是你的能幹這是祖宗做多如

好事才墾好坟生你好命得此就要貴行娇事篇

祖宗增光為兒孫造福錦上添花木不根伊和

空娶人一場若不行好事一味貪財以智救愚有

財弄盡有勢使盡趁有越貪壞事不小何者貪人

敗類浪子敗生縱發大財定不長久身死之後一

敗如灰生前造罪死葬水坑不惟家業傾覆亦且

筋骨難儉好壙之福自我而發遂自我而止還要

受罪幽冥真真不值人當發富貴時做事不宜太

盡留點餘步可也語云

五行八字是墳生。命運濃時事遂心

靈利機心莫使盡。要留一二與兒孫。

吉地發福國也然則人葬有吉地遂坐以待富貴、

乎非也必人有善心地以吉氣應之而後發富貴、

為人有惡心地以凶氣應之仍受貧賤善惡各從

其類也葬得好地猶如得好田土人功到有好收

成人功懶無好收穫地同乎天人行善事栽者培

之人行惡事傾者覆之其理一也余不妄扦與人

辭失多。有富貴若不行善事。則不能收地之禍殊

為可惜。余有句云。

世人何幸得佳城。

錯過機緣真可惜。

好積苦功收地靈。

祖宗痛哭最傷情。

江邑朱姓祖塋吉地。初年五房人皆貧賤四輩上

第三房人有孝心。即發進士。餘仍貧賤永邑曾姓

祖塋吉地。初年四房人皆貧窮。四輩上長房人孝

弟忠信克全。即發翰林。餘皆貧苦。又如合邑廖翰

林曹進士。隆邑范翰林李進士。陽邑蕭翰林蕭進
士皆前人有大善靱而後發余問過數十家斷未
有無善行而發富貴者可見富貴之發人望着坟
坟尤甓着人也有句云。

——

十箇兜孫共一坟。一家富貴九家貧
時人不識其中意。天地無親福善人
人不行好事即葬吉地亦必變凶或水冲沙墜或
地裂山崩或遇盲師補改余見多矣。

選擇要論

鐵定之書方不錯誤俗師執偽造通書璇璣小木

楊公忌日為人選擇善人多矣亦有擇得名師孝

問深心術正選得上期儘可用矣又信道不篤請

人查證查亦未嘗不是仍要請名師方說實話若

隨便請俗師他志在貪利若說前師看的期是他

無事矣顛倒是非想人請他擇期他好弄終主人

不知其敢好期敗為乃期者多甚至越撥越疑一

期撥至四五期有角犖生非者此等人罪不容誅

豈知地理先要擇師擇得名師用而不疑疑而不

用方為得計語云

地理原來要擇師　名師擇得勿生疑

諺言一聽心胸亂　避吉趨凶悔後遷

戊巳煞最凶最速又最久載三元選擇書造塋同

忌俗師少有知者擇期多犯附祖塋附宅塋犯者

尤多余見大市舖修廟犯死首事二人王姓附祖

葬犯死十人楊姓附宅葬犯死十五人曹姓附宅

葬犯死五人木姓附祖葬死十四人俗師執定偽

造水法通青與人造葬小家用之無論矣大家亦

隨便用之不擇形勢名師致受害如此深可惜也

昔年余有窗友父子讀書文章可入六旬後父病

凶危其子在神前一日三次許宣講刷善書送勸

世文病愈後父不捨錢一善不做未三年子殁父

亦殁止留半歲幼孫幾乎絕後俗言賄神神望賄

賕神為祖父
門冠

燒香獻酒肉、或不望賕善事、豈有望善神豈不望
乎、實其降禍也世人請余相地亦知積德為求地
之本多許善願、葬地後騙善不煮有余在神前擔
擔者亦不替余歇有一味縮財尚望地有靈乎恐
降禍亦猶是也余嘗云求地之時有善心下棺以
後、渺無音世人做事多如此尚望嵩生獄降神負
想與其騙神不如隨地安葬蟻侵水浸猶念於為

父祖增罪也求地者自思之。

造壟不可傷古墓遠避為佳。不得已比鄰而壟猶可若遷我主大凶。

嘗云

我見世人移別處　若遇前境莫起開　千災萬禍一齊來。

得吉地無難無德不能得地固也有德遇著盲師

亦不能得地必有孝弟忠信之德文遇認得山形

水勢之師方能得地然名師千百中一二人尤難

遇合余族居蜀五百年無大貴皆因五百年無真

地得地若斯之難也今得數穴皆前人苦心孤詣

積累而成我後人不接續行善以辜負吉地豈能

嘆目地下耶有句云祖宗處義又行仁五百餘年

始得墳不續善緣辜負地陰靈都是不甘心後人

見此當發慚隱

世人愛佔期頭怕吃虧有期頭的事才做莫期頭

的事不做豪強者吃人害人尖巧者謀人算人有

期頭美柔弱者受人害貧賤者被人欺大吃虧美

佔期頭者該不得吃虧何以一轉眼間豪強者死

亡矣尖巧者落簿矣柔弱者強盛矣貧賤者富貴

矣佔期頭者才吃虧吃虧者才佔期頭是何道理

良以讓為美德天道循環有屈必有伸也余為父

地吃虧多矣後人能學吃虧必有期頭可佔有句

云人佔期頭我吃虧吃虧竟得好墳境看來欲把

期頭佔還要為人吃得虧

吃虧人不佔期頭不佔期頭是上流世上吃虧人

不少皆因前輩佔期頭

善無大小定要真心心真雖小亦大心假雖大亦

小族公輩余贊襄從余受業數年進學余刻善書

皆伊誠心繕寫其父桁提拔姪輩至於成立者數

人余於宅近扦二穴與之一金貓捕鼠形一工字

脈左仙弓形皆發富貴之地作事真心善雖小

亦大其得吉　　　　地豈有倖獲者耶

墳前立碑宜矮小。高則損丁。牌坊宜立遠道立近

宅前主凶敗椀杆稍遠立近亦主凶石以石馬槽

前不宜有則成煞坆宅前有竹木遮蔽生禍敗家

墳前不宜遮屋屋後不宜産墳有則阻塞胸堂遮

蔽朝應主凶敗坆宅後脈上不宜伐石損傷損則

主敗坆宅左右前後水口有石曜交牙尖沙逆水

沙羅星亂石塞攔水口不宜損壞壞則主敗水口

宜緊狹挖寬則退財陽宅局勢小不宜開闊大作

太進門煞立見喪亡。太出脫氣冷退絕丁。陰宅亦

然人勝於宅則吉宅勝於人則與天井宜寬潤太

狹小則陰勝。定損壯丁屋樣宜前窄後寬不宜前

寬後窄富貴家多犯這些毛病發家人利心太重

桃塘配土於墳宅前後左右水口上損壞尤多不

知損壞地脈即傷財丁。吾見多矣約署言之。

金家有坟得水於田緊狹有會星亂石塞水口前

佘不知愛惜坟出開闊太過水口亂石概行打繫

難買田千石。二輩上一敗如屁以旁分。論適當此

在自己害自己損傷之害如此

柴邑有一家人宅山前後左右挑塘十口山之來

枝腳皆斷地氣絕矣好比人頸項兩膀兩肷皆

䁃有不死乎加之基小屋多傷龍鬥煞財雖發而

絕矣連抱二輩皆殀數十年不生男丁余按有

財無人財將何用此是尅財之過故遭此阨有勻

云勤做庄家勤快人開塘關土要留廕坟前宅後

太傷損縱得銀錢必絕丁與家人慎之、

造屋要因地制宜局小大作定有損傷余見一家、

取財太過大修房屋正宅四重橫房四重又有花

廳船廳魚池天井或方或長十餘個窄狹陰氣勝

屋修齊丁絕了連抱三輩皆殀三輩寡居書云天

井陰陰不見陽寡婦思夫不離床十有九準此雖

宅法使然亦是取財太過若有濟人心何至准此

若此尅財人鑒之

天井之破
如星

相地之見

大不愛道地不愛寶世間不少吉地祇是難得其
人古人云為人擇地易為地擇人難尖地之罪余
不免矣有句云。

七十年來歲月賒。　行行走走遍天涯。

山中不少公侯地　祇旦人難尋有德家

青山綠水送龍行。　馬鬃牛眠處處安

陰地必須陰德佩　遍觀天下幾何人。

看師扦穴人人受名師扦穴人人多不受無德之人
不受上地有主之者也然名師為鬼神所忌不合
則去為天地留其有餘方是名師之福余嘗云
世情宜假不宜真　踏破芒鞋枉費心
也學卷懷遂伯玉　留此福澤待其人

地話下卷　以下集形勢書言地理

目錄

尋龍法　　局沙空遠低凹　穴山

穴法　　　扦穴　　　　　求穴捷法

取穴法　　金星穴法　　　木星穴法

水星穴法　火星穴法　　　土星穴法

怪穴　　　穴上脈　　　　龍虎

明堂　　　案山朝山　　　水口

地話下卷

尋龍法

黃妙應云、得穴尋龍十有九、得步龍尋穴十有九。

空廖氏云、人言有龍奚有穴、我說有穴必有龍上。

士得穴而尋龍神明於法之外也、中士步龍以尋

穴、持循於流之中也、沈新周云、正法尋龍乃求穴。

得局尋穴法、亦提袁守定云、循龍脊以求止則大

物可窺步山脚以察踪而小康永得

古人求地先尋龍後尋穴今人求地先尋穴後尋
龍此捷法也然不成局必無穴故尋穴必先尋局。
局者直龍止宿之地如官之有城屋之有垣獸之
有欄也龍無局不棲有局方可尋穴無局不必尋
穴局無他祇是後山向前前山向後左山向右右
山向左湊合一圈或方或圓或長即局也但長宜
橫長不宜直長然局中之山定要開面有一山不
開面或反飛或斜竄則局假必無地。

六圍地學山有背面面如人面背如手

面背如手背面平背拱面薄背厚面細散粗面凹

背凸面潤背枯凡到一處見山開面方可尋穴山

不開面不必尋穴而有真假須認清楚

尋龍記要識尋龍至妙溝最高峯頭蹐上山嶺去

兒在邊數股長長短短都灣向右右邊數股長長

短短鄰灣向左來山止去山回所謂成局也便到

中殿止妻載尋必有穴情但山之結穴有在於嶺

尋龍

始成逆愈遠則力愈重龍逆為上星逆次之腰
道法雙談凡地不逆則不結遙則山回水轉而必
水抱一邊結穴水反一邊不結
結地矢山左來來右抱山右來水左抱謂之交媾
不結地龍符未止也見山與水逆媾交媾龍止而
咬蕊錄凡入一鄉見山未俱順則無交媾之情必
處爭穴冊穴無道情特恐人壽不到耳
於腰於足于機華斜于角于脊于凹于回于拋

星辰

砂逆又次之。龍逆者非來龍逆水而上為大勢回
觀大曲大轉是也。星逆者來勢雄勇不能遠回腰
落一峯橫來逆水也。脉逆者龍星俱順脉與來勢
相逆如直來橫受橫來直受是也。砂逆者如左來
右轉右來左轉是也。若四者俱順則陰陽不交斷
不能成地。

雪心賦。山直走水直流無足觀矣。山大轉水大灣
可此求之。山不亂灣灣則氣全水不乱轉轉則氣

聚蓋山轉明。明要結地。水折。明明要結穴也。

入式歌大凡尋龍與點穴細把前砂別龍若佳時

砂有情也開西　不住亂縱橫穴。若正時砂若效用也歸依

不正自飛勢　真龍藏偉穴難尋惟砂識偉心。

尋龍照穴須仔細先要。觀水。勁龍若佳時水聚堂。

不住亂把范穴若止時水便。聚不止趕趕去。

吳公口訣看地有何難先看下手山未看後龍來

不來且看下關回不回未看結穴稳不稳且看不

關聯有緊何知人家富下砂來抱顧何知人家貧

下砂順水奔下砂收盡源流水兒孫買盡世間田

下砂長出逆水決不虛生水口見此其的必有大

地著意尋穴

尋龍見高大之峯則為少祖山即到此山嶺上西

面看之山或分數枝看何枝為正龍何枝是纏破

分別清楚從正龍踏去看水到何處灣轉水抱一

邊其山團聚必有穴情何為正龍有踪豐是正韻

尋龍

面出脉是正龍。詳後

六圍地學上山下來下山上定有形穴中間放來

山已正去山回此不尋穴復何為左右兩邊向內

灣穴星必定在中間四方之山俱開面中有穴情

不必辨

李德真云尋上格之龍者亦可執上格之砂以求

之上格之砂斷不虛生照處必結大地到此山上

對面觀之其情自見蓋穴情隱藏難見向山高大

順砂

我对侍也

我北方 東方气

顯而易見也謂之上格者成尖聳灰正之飛而

開面者也

疑龍經正穴當前必有將有期便宜為對向穴在

南時北上聚穴在北晴南上望入式歌凡認星辰

須對面九星容易辨若還草木亂紛紛莫漫喝星

辰

疑龍經尋穴如何辨主賓水城拖處是主以水城

反處便為客多少時師不知情

今尋龍見羣山皆老相粗相忽見一方出嫩出秀
局必在焉今尋龍見羣山濟濟密密不堪容足忽
西走忽然團聚局必在焉今尋龍見羣山散亂東奔
環密處是真局賸蕩處是假局有侍衛山出現是
真局有劫山出現處是大假局
出老入細處是真局老相不脫是假局
中有主山是真局無主山是假局

內局砂空遠低凹說

地學求真空是全無山也。遠是有山却離穴遠也。低是有山却低過穴也。凹是有山當穴處却跌斷勁倒也。邊見空遠低凹則長房敗。右邊有空遠低凹則三房敗只有兩房則二房敗。前後見空遠低凹則二房敗。大凡臨穴即當想起空遠低凹安百試百驗一毫不爽今之俗師輩地全不知此害人不淺

注重此
有凡肘穴

大襄地陡成　潛伏砂　美好

好局只緊夾
不在寬大之
明堂好砂只
拜伏不在奇
峰之重疊盖
緊夾則風藏
氣聚初代便
發地比成局
為貴非大貴
地必不成局

尋穴必先尋局無局不言龍穴沙水也

局

縱是妙中何用。

端圓為金聳直為木屈曲為水尖銳為火平方為土

正五星

金
木
水
火
土

九星歌曰，九星團者號太陽太陰頭帶方圓而曲
者名金水木星也如矢方是天財凹腦分凹腦土
金身○如頭圓兩腳拖尖尾便為天罡體頭圓腳直孤

曜常燥火尖似鎗掃蕩一身澤是曲。四者為凶。其

穴　九星　山　星

太陽金　金水

太陰金　天罡金

金水　孤曜金

紫氣木　燥火

四腦金主　掃蕩水

掃蕩水

天輪影穴上井中有此主大貴。

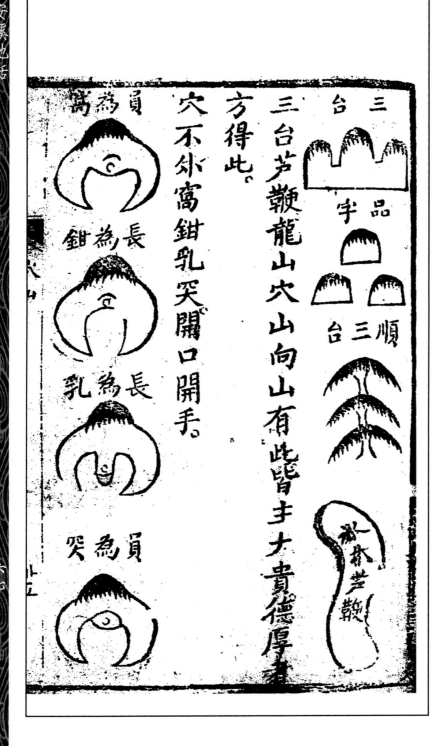

三台芦鞭龍山穴山向山有些皆主大貴德厚書

方得此。

穴不外窩鉗乳突開口開手。

圓為窩

長為鉗

長為乳

員為突

窩鉗乳突五星九星皆有。是正格然正格少變格
多。不能盡圖六圍地學一貫甚與圖象頗多。自衆
看之書宗望勢尋龍易登山點穴難到頭差一指
如鵰萬重山墊乘生氣認穴極難此處定多用妙
〇穴要点在山面的邊俗師不知山有背面內客
瀟在背的遇真是可笑山而為生氣山背為死氣
〇面必寬平背必陸峻面必有腳背必無枝橋
也〇面必寬平背必陸峻面必有腳背必無枝橋
必山環水抱背必沙順水纏面必美麗背必粗

面必有情。背必無意。面真有生氣靈光。面假有死

邑枯。容知此方可点穴。

穴法

金木火為陽星。宜蕐陰穴開口。即陰穴永土為陰

星宜蕐陽穴得金池即陽穴開口仍要有乳哭

六圍地學蕐家最緊戒硬面星不開口穴不現若

問穴塲何處有不是開口便開弟抱之緊者仍是

抱之稍寬方是我須知正體要開口開口不明

開口屋脊

上流行陽 其化處矣

開手

開陰間

看開手若不開口與開○⋯⋯中間志便從

硬面乱開宅哀哉此穴必然絕嗣最宜謹記

謝覺齋曰陰乳恰如男子樣陽窩偏似女人形似

男陰乳休傷首似女陽窩葺破唇葢男子主葽施

精其氣在外乳窩似男子陰囊故宜作粘穴女子

主于受精其氣在內窩鉗似女人生門故宜作脣

穴乎之俗師蓬乳突多傷首傷門殺立見喪亡

葷窩鉗多破唇破唇脫氣吧冷退絕下

窩鉗要窄

水

哭要唇

乳要哭

地學求真窩鉗要有圓腦員腦飽滿方有生氣下

窩鉗腦上之水走兩邊低界分去不入窩鉗若腦

溥或破碎塋之生水窩鉗要有唇托兜上有唇托一

則窩底肥厚氣有兜收。

乳哭要有臍口臍口者畧開面有化氣也無化氣。

即陰殺塋之凶乳哭下有唇毡方真無則穴假。

窩鉗小有脉氣入竅鉗即可塟窩鉗大有微若乳

哭方可塟然乳哭不定在中間或偏左偏右。

乳�‹頭›脉

乳突不可太飽飽而有窩則可井窩鉗不可太深

深而有魅魅則可穴。側乳悶乳乳多幻形分鉗合鉗

鉗多變格凡是乳穴曲即非曲是包裹非正穴。

乳突不可孤單用要開窩鉗風化也乳突不蓬頂而

蓬褥棄金從水窩鉗不蓬心而蓬弦棄水從金

乳頭之穴怕凹鈹風若入來人滅絕必須低可避

風吹莫道低脉脉褥絕

疑龍經鉗穴如釵掛壁隈惟嫌頂上有水來釵頭

斬首

碎腦

斷肩

剖腹

某員多破碎水頂穴內必生災。

廖氏曰穴星中來有八病有病何發定斬首折痕

頂下拖碎腦石嵯峨斷肩有水穿臍出剖腹陷長

密折臂宗來左右低破面浪痕垂墜定腳頭竄入

水吐舌上工尖嘴此是星中大有虧誤用禍相隨。

折臂

被而

墜足

吐舌

占

穴面又有四般病有病皆惡証貫頂脉從腦上抽
星峯不現頭墜足來從腳下去靈光何所聚翻面
橫生脉數條生氣用滑消飽肚看如覆箕樣魂惡
那堪相

頂顛
跟足
綳面
飽肚

来陽受星如覆掌是陰龍陰極陽生理在中到穴畧開窩

智口其形馬跡正相同

来隆受龍如仰掌是陽來陽來有是陰受胎凸起節包窩

穴法

南窩汗島

正穴覆抓相似不須猜。

扦穴

啖蔗錄平地陽有餘而陰不足起土處為真高山
陽不足而陰有餘落平處最貴萬物生于陽而死
于陰雖陰穴必取平處地理棄其老而用其少。
老胎必扦嫩中蓋大乳大突大窩大鉗老也不可
葬乳突要開微口窩鉗要有微茫乳突少也可葬
啖蔗錄凡結穴處遶水不流置座可安以其平也

倒杖訣所謂斷續續斷、氣受于坦起伏伏起氣、
于坦施理小巷所謂來不來坦中裁佳不住平中、
取搜山記所謂來來堆堆漫中取坦中裁皆
取平處立穴也、蓋平坦處為陽陽主生故穴宜點、
在平處邪坡處為陰陰主死故藝陰者生女不生、
罡久剝女亦不生而絕矣今俗師多在邪坡處立
穴矣或騎佳坎半在坎上半在坎下失之遠矣書
云作穴貪高十藝九禍、

求穴提法

唉蔗綠點穴要依唇毡唇于此吐穴于此扦毡于此鋪穴于此住橫龍之穴尤須認此不可忽也

富心賦但取朝山証穴疑龍經真龍藏倖穴難尋惟有朝山識倖心朝山高時高處點朝山低時低處針穴若真時方出現穴若假時難見面

孟浩云朝山高穴在高處朝山低穴在低處朝山向左穴在左朝山向右穴在右

靠山在右穴在右靠山在左穴在左朝山向右穴在

靠山在右穴在右。左右砂高穴在高處左

穴在低處右高左低穴在右。左高右低穴在左夾

耳砂在上穴在上夾耳砂在下。穴在下穴在

穴在左堂水聚右穴在右堂水聚左山有情穴在庶右山

有情穴在右四面俱有情穴在中

唉蔗錄凡穴既定有穴山証穴靠山証穴朝山証

穴業山証穴唇毡証穴龍虎証穴明堂証穴堂局

証穴以及三陽四靈天心十道水城水口無一非

穴者有此諸般証穴穴方真的。

又云。何以辨彼假穴穴必無真朝。何以別為花形穴

無正案前山拱秀再看後繼。若纏山不拌仿像

取穴法

經云。眾大取小眾小求大眾高取低眾低取高眾

長取短眾短取長。直來拝曲曲來拝直飢則取飽

飽則取飢坦中取突突中取窩緩取急處急處取緩

處老處求嫩嫩處求老少多處取水求多處取山

節臍處要緊夫鬆夾處要節臍來者不宜木邊去

者須要回頭山本靜動求動處木本動妙在靜中

疑龍經觀星裁穴始為真不論星辰是也無論五星

穴法不同分別於左。

金星穴法

金昆穴法

金必藝水水者何窩是也窩在頂穴頂在腹穴腹

在腳穴腳窩偏穴偏不拘立體眠體惟視窩所在

耶然必腳下不此脈方真者垂手吐乳乳頭是木

圖取穴 金星 圖

金尅木不可穴是乳頭宛宛嫩活者亦木也金坐

水乳母珍其子子依其母求吉穴也金心孳窩無

窩孳醫深者為窩淺者為口訣云金星開只量金

用斗

偏窩

股窩

半月

蛾眉

金窩采
是水

頂剛是

頂窩

天穴

地穴

御窩

穴必先魂之間

月不離木也必
待水此之入最妙
但要龍真

木星穴法

木星專專取生意何為生意水即是水能生木木
涵水生根生芽生枝毉木毉水眼即屬穴水也
芽者木生嫩乳如萌芽然萌芽動處中涵水意亦
水穴也立木毉眼眠木毉芽此定法也無眼芽則
取軟處軟處即是轉水故可穴○一說木星毉根
毉節毉芽眼固是正法節為金為子尅母芽為火
為母依子故皆可毉

吳公口訣。倒地木星長百丈不論橫直皆可塟直。

尋粘倚莫當頭橫要中間苞節眠木不塟頭固也。

若長岡帶水意者可下垂頭穴謂之紫氣垂頭眠

木不可當腰下穴下之犯斬脈煞。

天龍

含氣天龍

花蕊

花穴

蕊火

火鎗

絲鞭

玉鞭

玉之祖大貴

一宇文璧

也　　姬死所　　而生動　　而有泡

水星穴法

水荤突泡即金頂也。無突泡則取圓口者開口員。

處即是轉金。故可穴。水必挨金柔用剛也不拘正

偏斜側金在穴後。必乘金前必開口。不然不真

水腳垂乳乳即木也。水生木子母相依水在穴在。

無論正偏穴之吉水乳不嫌直若乳曲又是水不

可穴按

金

垂乳

水星

乳

細流

水

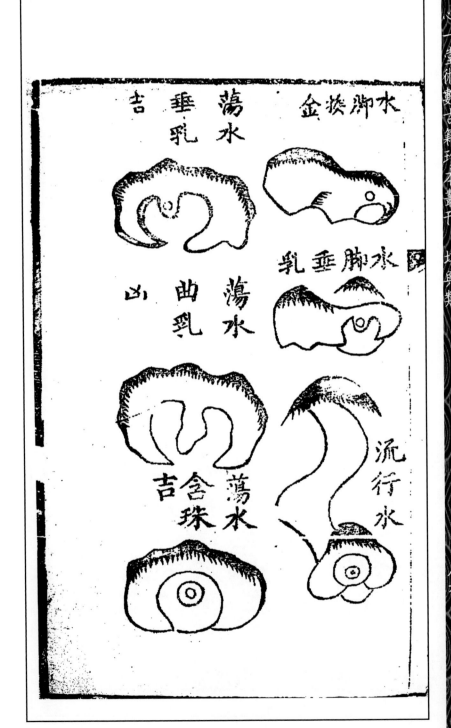

水御栞金

水蕩
垂乳
吉

水脚垂乳

水蕩
曲乳
凶

流行水

水蕩
含珠
吉

火星穴法

火不結穴。其性至燥惟剝換多而成眠體穿田至
水邊乃有結作斷法所謂五七火星連節起列土
侯王地。脫落平洋近大江結穴始相當是也然廖
氏九星穴法中立體火星轉水者亦結益既大開。
水窩則水火既濟于火下覔平土立穴穴依其子
亦是吉莚。

五星惟火不結穴山中亦有飛鳳格大發速發勢

火星

平土立穴 穴火會吉莚

薰天。無德處之，終滅絕發福後要。柳感，用德惹君愛民庶幾入道也。不然，一發如雷，一敗如灰。

鳳飛体正

鳳飛体側

鳳飛体眠

坐穴見土，
不見火。又
要土重火
輕乃可用

土星穴法

土必墾金命者突也。上厚氣粗必生金似淺其氣

乃可穴。穴在腹者謂土腹流金。微有金意者謂土腹

藏金。在角者謂土角流金。微有金意者謂土角藏

金。突在窩中固佳。突在平處亦穴所也。土不穴窩。

窩是水上尅下。兮母刑子若果龍真窩氣好大作

金堆當窩底肩窩角窩與邊窩生金作金法同擬

作金又覺無憑據。便規上弦取旺氣不然吐下會

提盆水出盆口是生氣。○按土垂于山木乳為子

尅母破胎而出亦是吉穴。經云息星慈母子榮昌

母尅怎兮子滅亡大地多知此。

正土　　土　金藏腹土

熙口　無天　變

穴　閪無　土

土得子尺流

之大發金　角土

穴平中有突亦佳。　角有肩角得金脚

木　乳

下尅上子
破脉流出
太地變如
此若牀乳
送。

穴

怪穴

喚蔗錄山結常穴者、十之二三。結怪穴者、十之八
九、固造化之隱真機、人輩怪穴者十之二三、蓋常
穴者、十之八九。亦全吉之少、高術所以常穴之留
者少、怪穴之留者多

凡穴不在山之正面而在山之偏坡、此全彼缺。左
有右無、或微有窩突糢糊不明、天地瞞人、總在穴
際謂之怪穴。閃結拋結疊指摞拳。脫龍就局皆怪

天也然、必龍真脉真故曰、有真穴、無假脉、龍無怪脉

又要有迴簷界水分合明堂朝案絲托夾耳水城、

水口沙水有情無風無殺件件合法、只結穴處不

明顯方可下古仙所下。多是怪穴百發百中故曰

伯韶曰談山談水世俗多用拙、不能將奈何誤塟

每因尋正面不折渾是棄偏坡豈識真玄竒妙處。

仙人專是下偏坡、

孟天其云吉穴天機地秘不欲盡顯露之故畧示

偏回待人還就畧示虧欠待人培補畧示餘剩術

人截畧示間斷待人接續畧示殺害待人趨避

畧示走閃待人跟尋或外看傾欹內看平正外看

直遍內看寬舒遠看無形近看有跡畧看模糊細

胥明顯亦猶人外貌不足內相有餘其精神骨格

自然異常也

道法雙談辨疑穴者不辨其穴只辨其脈地之有

無結作其精神不在成穴處而在出脈處故可怪

隱拙之形。不可信。而脉。為可信。論脉不止入首一

節。凡出身降勢抽動處皆是如生蛇渡水梭中抽

絲。此皆自然行度名受脉真水無此則不融結更

合下龍若無水不能生方盡其妙。

怪穴要工夫到十分方可下有德之家方可下天

特為吉人留耳若與無德之家下怪穴不怳不信。

反為所笑末可與之下也余點怪穴數十受者無

幾人彼自棄之又誰强之寘冥中有主之者也

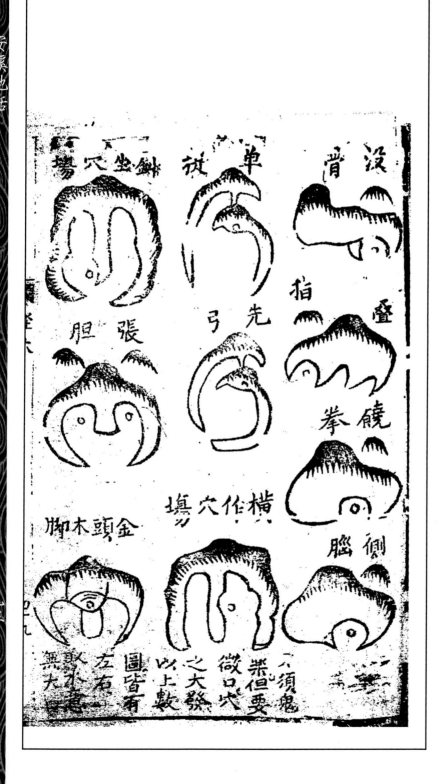

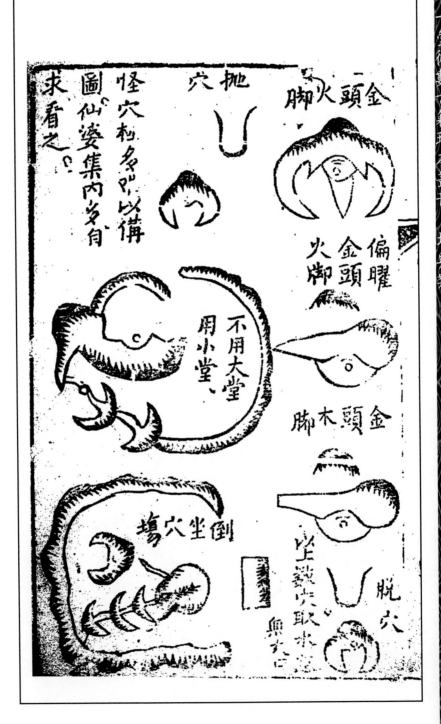

求看之。

怪穴者多以此以備

圖仙婆集內多有

金頭火腳

拋穴

偏曜
金頭
火腳

不用大堂
用小堂

脚木頭金

倒坐穴塋

坐穴聚火聚水堂
奧大口

脫穴

穴上脉

穴上之脉宜微顯。則生意太露至寶經脉來隱隱，始為生脉。小微微。是正形隱隱微微方是福粗粗。蠢蠢死無情。脉落無蹤才。是真乳脊硬面莫相優。時人不識無中有多多在粗陰乳上尋。地理看書走山二者不可偏廢不走山。看書無益、不看書上山無憑穴象多端載之形勢書中縱不

能全置也。要置得幾成部。如雪心賦六圖地學啖蔗

錄一貫堪輿山洋指迷五十段此六部書時價一

串錢可買。熟讀此形勢書。免受法家之害。吾見舉

人進士好談法家虛理。不求形家實跡者多受害

龍虎

穴者生氣之聚。無雜衛則風飄。龍虎所以蔽風。亦

以收水以灣環秀麗能開面有情相讓逆水為吉以

敧斜破碎相鬥反飛不直硬順水為凶逆水者水左

未。要龍沙在內。虎沙在外。亦右來要虎沙在內。龍
沙在外。水與沙逆。即收水也。亦有財。反是即出
尋龍經龍虎轉塆塆田地遍鄉間秘要云龍上尖
峯起子愨登高察虎上起尖安養女似芙蓉。
龍虎內外生不牙在內謂之龍牙在外謂之帶曜
龍虎通身尖且利此是龍身鎗秀氣穴前左右貼
身生此是王侯官貴地。虎有飛牙威始壯龍生焰
角物龍神爪牙焰角雙又出現秀靈鍾孕不凡人。

或有龍無虎或有虎無龍無一邊要外山外水來。

配謂之單提穴或龍虎俱無謂之本體穴如貴人

袖手。端坐左右無不趨承得水更多力量更大。

龍虎頸上有交义路或水路上工自縊𧁙距帶枷鎖有

山脚尖射或水射主遭刑戮。

朱

水來

水來
弱　強

水來
強　弱

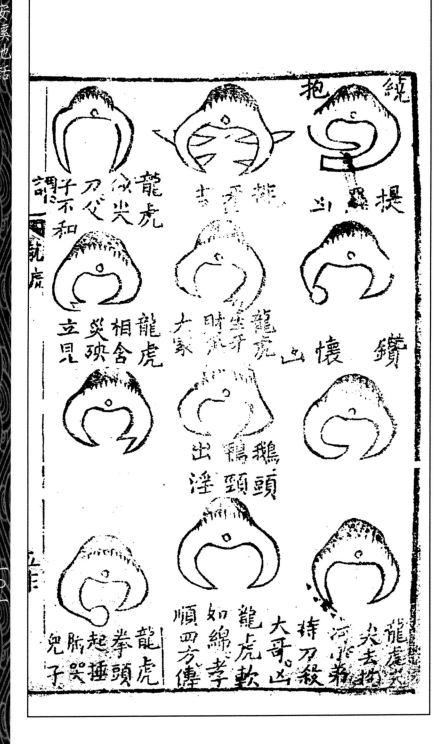

統
抱

調子不和
後尖
刀父
龍虎

吉牙排

山露
提

立見
災硤
相含
龍虎

大家
財光
生牙
龍虎

山懷
鑽

出淫
鴝頸
鵝頭

兜脈
起捶
拳頭
龍虎

順四方傳
如綿孝
龍虎欵

大哥凶
持刀殺
河水春
尖去抱
龍虎

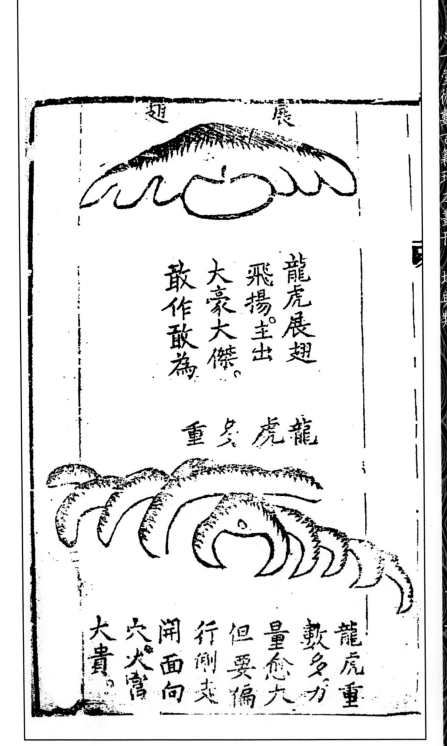

龍虎展翅
飛揚圭出。
大豪大傑。
敢作敢為

龍　虎　重　多

龍虎重
數多力
量愈大
但要偏
行側去
開面向
穴穴膺
大貴。

明堂

雪心賦登穴看明堂明堂有三有小明堂內明堂

外明堂看者看小明堂與內明堂有無也穴前埕

夷處為小明堂入式歌小明堂在員暈下立穴拼

真假有此堂則穴真無此堂則穴假也內明堂在

案山內無案山則在朝山內點穴以此為憑穴真

之務要中正經云來脈明堂不可偏偏則非穴三

堂難得全備兩堂定要有故登穴即看之也大地

方有三堂外明堂穴中有見有不見故登穴看明

堂指小明堂與內明堂也

明堂宜平坦窩聚圓淨周正左右交鎖周密或方

或員或長不一但長宜橫長不宜直長不宜太寬

亦不宜太緊須寬緊合中

疑龍經真氣聚處看明堂明堂裏面要平陽撼龍

經明堂要如衣領襟左紐右紐方為貴大抵明堂

橫為貴其次之玄關鎖密吳公口訣內外明堂分

兩般內宜圓聚外宜寬三堂俱備三陽足此地當

知代有官。

明堂嫌破碎偏側。傾瀉歪斜。坑窟堆阜。

書云、明堂若破碎少亡田地退入式歌側是斜案

向一邊妻子不圓圓董氏曰明堂第一嫌傾側衟

窩有沙隨水跑賣盡田地走外鄉更主兜孫少年

殀玉髓經若見明堂有深坑兜孫險陷病相廳

〔明堂〕

明堂有尖沙直水射穴主遭刑戮尖沙橫過穴前。

五畫

逆水謂之進田筆主發猛財順水謂之退田筆主。
退田產穴是逆結橫結迴結沙又平正墻抱迴龍
順沙仍言若順水而又斜飛謂之亂沙大損丁財
失井離鄉龍經水若斜飛起大災雪心賦登山見
一水之斜流退官失職又云滅族亡家必是沙飛
水走龍訣斜石走窠盡凶砂無論田沖水河水即
乾流水一歪斜非大凶
龍訣沙若直來如射箭家遭舌高手干戈山筆袋右

三中次房、次第推来、無不驗。青龍若窩過東宮長、

房人產定皆空、白虎窩兮幼小敗、兩宮禍福一般。

同過宮頭轉無妨碍、此房人產反豐隆。

入式歌、龍穴若凶明堂姤、二紀還溫飽、龍穴若好

明堂凶、初下便貧窮、此處最要緊、發禍最速。謹記

謹記

霖金云、明堂内有員峯、在左則主抱兜在右則主

妻淫與鹽胎、患眼入式歌、明堂若吉要潔净有物

明堂

皆為病忌有凶山惡石忌多竹木荊棘忌有茷樹
總宜明净為佳今法家全不知此所下之穴樂晌
犯齊一下即凶損人損財可嗟可嘆
凡高穴不可拘泥明堂但要砂脚闌攔穴上不見
水出楊氏曰若是穴高明堂密只要有城轉張紫
瓊云高山不必問流水時師休要泥明堂
看地要看大勢大勢若聚雖奇形怪穴而愈真正
大勢若散雖可穴不然而反虛假

佈置要均匀。

龍堂形要周正。
堂水要停蓄。
周正堂局要停蓄。
沙要開面要有生氣。
面要有生氣。
照穴要清。
尊朝案穴。
山要特異。
才是真結。

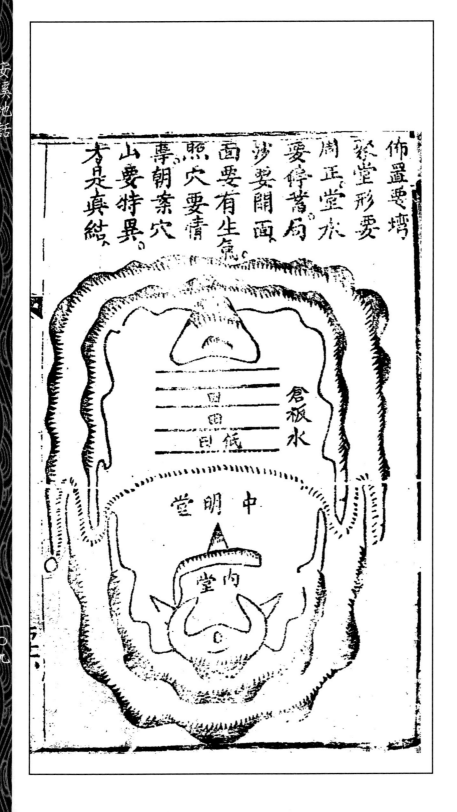

倉板水

田 田 田 低

中明堂

內堂

撥砂經藏風得氣則人蕃衍水入懷則財旺唉蔗

錄財多人少當求藏風芝塲財少人多宜扞得水
之地

曾氏秘訣凡穴結低藏兩砂收水緊固足穴得局

內真水得水旺贴必然發福悠遠若結穴太高內

堂不聚多貴少富○地學無唇非穴無毡少丁

凡穴前毡唇寛舒由餘氣盛亦主旺人丁若無餘

氣係龍氣薄弱兵少人丁若毡唇鑿傷主損人丁

案山朝山

案山所以收攔穴氣無案不惟氣不收聚而朝山
之脚必露朝山所以証穴無朝恐穴不真故穴必
取朝案為証疑龍經正穴當前必有將有將便宜
為對向又云術用五音諸卦例但求好主對賢賓
貴人據案治事不憑虛而立穴前案山似之女穴
前有案山主富貴且利於官疑龍經大凡有形必
有羈大形大穴如何斷譬如至尊坐明堂列班班

賦外絆千重不如眠弓一祭。

朝案山要高低、遠近得宜。龍訣朝山遠近要相當

不宜主弱對實強。近宜低小尤為美遠則高大最

為良雪心賦。時人多是愛遠大而嫌近小誰知迎

近是而貪遠非。朝案俱有案山要與穴相對朝山

不對無漶。有朝山又要與穴相對不可有偏總

近以開面有情……貴秀彎環抱穴為吉若能成貴

孫不憐亂龍子經伸手摸着然……錢千萬貫雪心

重形象更吉、破碎嵯崖歪斜反龍探頭側面窺

穴壓穴為凶、

然亦不必拘泥或有朝無案或有案無朝或朝案

俱無而發富貴只者疑龍經也有真形無朝山只要

諸水聚其關鎖公口訣有山向山無山向水水有

真情巨富顯貴

探頭側面

非盜即奸

側面　探頭

頭探側面

敏

花

主塋

案 頭 侍 賓 有 介

夾 案侍

賓 有 介

主 無 擋

侍 主 有 擋

尋常墓宅求嘗有侍，衛也有侍衛必大貴。

地必真龍大結堂堂正正
之局始有侍從分明然侍
從與朝案外陽一切貴人
文峰皆要龍真方驗

以下朝案外陽地設。

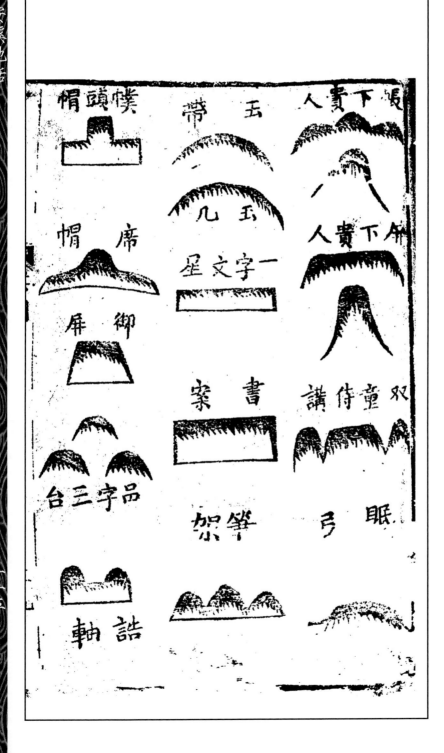

倉

出淫　向之　水痕

誥展

庫

文峰

文筆

筆相宰

鼓土　鼓金

二金星宜
向正向斜
出淫。

旗

旗金

文救

箱金

王印

天馬

火馬
行空
定産
英雄

水曰兒
此也一
方清書

水口

李德真云水口之砂惟關鎖二字足以盡之然其
中亦有真假存焉其真者必山回水曲其假者必
水走沙飛若真龍結穴水口之山必重重回轉山
面向進山腳揷進並不順水而飛故水遇一山即
有一折三回九轉而始出此真水口也如此方有
真龍藏于其中水出處有尖沙禍鎖沙腰有山為
關關主富鎖主貴多重更佳其假者水口雖緊固

而山頭走出山脚不回。既無真龍落頭又無餘氣

鋪衍。盡是老龍枝脚帶煞。揷水順去。兩邊山脚亦

復如是。故山緊而水道狹。着不作關鎖雖有高山

大隴其中必無真龍結作。所謂假水口也。

若是大地則山山退卸。安得有高山緊狹而行水

水會聚。安得有小澗不通舟楫只要水口或凸或

平地俱是逆水向進水路亦坦瑗而去或有沙洲

羅星攔塞或有石壁交牙雖寬濶不緊巳成水口

論開關鎖

矣故水口亦有真假只於闊鎖二字辨之。

羅星決不虛生水口有羅星其中必有大地羅星

上亦有結地者但要石體方不畏人開挖

疑龍經到此先看水口山水口交牙內局寬便就

寬容平處覓定然有穴在其間尋龍見水口交牙

定知內有大地。

經云尋龍千萬看纏山一重纏是一重關城門若

見千重鎖定有王侯居此間水口一山如虎臥回

頂不許眾山過。交牙截斷水難流。此物名為神仙

座。又云。水口一重高一重。世代兒孫不解窮。又云

何知人家富貴牢。水口捍門高

官鬼禽曜

官鬼禽曜者。古龍之餘氣。妙穴之貴徵。凡穴只有

龍虎案山而無餘氣飛揚。則小穴而已。必有此而

後力量重在案。後者謂之官在穴後者謂之鬼。在

水口間者謂之禽在龍虎肘外者謂之曜

鬼宜貼身而似死長則切本身之氣官宜生而聚

越然太長則非官體曜遠則見效遲近則可以催

官速貴藏龍經官見法葉鬼在後官要回頭也要

就橫龍穴以鬼尾靠山為憑無則恋骨受寒而穴

不真

楊氏曰龍真穴真只嫌明堂空有星峯重叠照縱饒

積玉與堆金終主死孫登科少

四靈歌禽星曜星與官鬼都是好龍生秀氣穴前

穴後。龍虎旁有此便為公相地

楊氏曰曜星若現石尖生貼身橫過面前平伸手

若遲拈得著少年一舉狀元名

凡入鄉村見有奇石立于水口。即是禽星。其中必

有大穴。

帳前

官

曹

化脣

斬關騎

騎龍穴

後山枝腳節節灣抱向前前山枝腳層層灣抱向

後成鴛鴦套形，兩邊纏護周密不受風吹，四山開

面，穴情明顯，化卷氣為脣氣有夾耳鬼靠為憑切

以過龍認為騎龍穴也案外一節龍止水交為斬

二三節龍止水交為騎龍若去山太長則水難

交會有順騎倒騎橫騎數局。

六圓地學後山向前前轉後定結騎龍無處走轉

騎龍

身須看。大轉回迎送中間莫下手。書云。十箇騎龍

九个空一个不空又怕風十个騎龍九个假正恐

乱向脊梁形十个騎龍一个真催富催貴還催丁。

騎龍穴大旺人丁

順騎倒騎

橫騎

騎龍乳穴

太祖山

宗山

少祖

山

兩迎

祖山

凡龍發脉處、有高山大嶺、又有池水、經年不涸、謂
之太祖、自此辞樓下殿、迤邐而行、忽起高峯、謂之
宗山、復奔騰磊落、逶迤而行、其間小可星峯則不
必論、至將結作、尅秀峯、恕異眾山、謂之少祖龍
身有此力量重、或是土昇力量尤重、自此又行三
四節即結、但以元武頂後一節之山、名曰父母、父
毋山要合得、一吉星、張得兩翅、方能結作、若無此

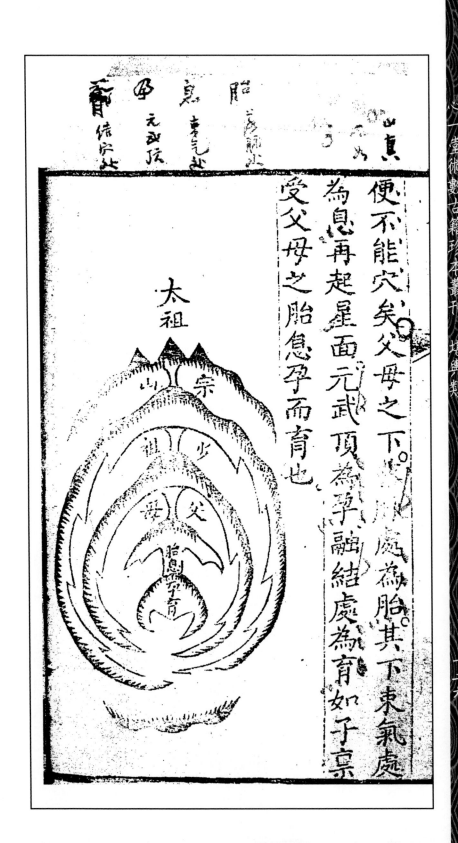

便不能穴矣父母之下。即胎處為胎。其下束氣處

為息再起星面元武頂為孕。融結處為育如子凜

受父母之胎息孕而育也。

太祖

宗

山

少祖

祖

母

父

胎息孕育

胎 元承脉止

息 束气起

孕 元武頂

育 结穴处

真

養浮生脈

陽脉死

翔脉死

出脉

龍訣ッ看太少出脉形只喜陽生不喜陰陰脉龍

即行到此子孫退敗見伶丁

此地要龍真脉真穴方真龍假脉假穴即假出脉

廢平坦為陽脉撓紫為陰脉陽為生陰為死故脉

言此陽不寅陰也世龍首與穴遠陰脉猶可入首二三

朝突要隊脉不然主凶入首宗要

一訣龍若無水不能生經云此水不在大體上相

此圖此產出脉斷。伏處若三擺三動或有水珠蘆鞭蜂腰

起鹤膝走馬串珠撤梭織錦之玄人字及凡細巧曲

腦心華益

動皆是一點真水成胎前去必結真穴無此穴假

更有玉字丰字工字脉尤為貴徵

鹤膝開帳

龍身　開帳過峽

龍訣貴龍重重穿出帳賤龍無帳空雄壯帳慕多

貴亦多一重只是富豪樣又云省龍古專看龍過

峽字訣

峽峽與穴情一般洪過峽有扛並郁護兀被風笼

跌斷剝換

疑龍經退卸剝換成幾片十條九條亂了亂中有

一條却。是真若是真兮斷了斷撼龍經剝換如人

換好裳如蟬脫売龜退筐或從大山落低小或從

高峯落平陽粗蠢之番目變而為細嫩之皮膚樹

以嫩而開花山以嫩而結地也。

行度

分牙露爪龍尚行，藏牙縮爪龍已停。開肝展翅便
結穴。自與眾山多各別。

屈曲活動龍之生。蠢粗硬直龍死絕。喜樓喜閂是
真龍直来直去是龍病。陰陽相間是真結。

純陰純陽定滅絕。尖員方正龍入相。蜂腰鶴膝龍
已成帶倉帶庫是富龍。帶旗帶鼓是貴龍。

怒龍多是結假穴。假穴人見多歡悅。龍虎左右灣

環抱前賓後主不相照。穴中甚好畫不成外山外。

水盡無情應樂不真。官鬼假夾從無情不相惹左

右或高又或低背內面外誰得知。時人愛此花假

穴。葬後錢財湯潑雪。

崎嶇嶮峻怒也。踢躍翔舞喜也。

喜龍專一結怪穴。怪穴人見嫌醜拙。穴拙界合自

分明。定有陰陽分窟凸龍虎左右或不全。時人便

言房分偏。外山外水齊來抱救得房分皆一般龍

真穴拙人不識。葬後富貴無休息。

行硬

凡是真龍正面來身雖屈曲頂不歪橈棹却是蜈
蚣脚。兩兩成雙相對着。一心一意去結穴並不歪
斜。觀瞻別真龍定然有迎送夾從纏護無空缺纏
護愈多愈有力。傍山眾水來會聚渾如大將坐中
軍。羅列隊伍俱齊備。

凡是纏龍側面走一邊無棹一邊有頂面當顧真
龍身不敢拋離開處行以上皆出龍訣

六圍地學凡是主龍身必員旁龍側面向一邊非

惟岡脊有如此石頭背面亦同然。

龍有三體。高高山立體低山坐體平地眠體皆結地

啖蔗錄俗喜起伏豈知平走為奇俗喜直長豈知

橫潤為貴葉九升云世人論龍多喜起伏不知起

伏是枝龍之體度若大幹龍不論高山平岡挺腰

直行並無起伏若能平行數里貴不可言里許亦

貴半里數箭亦結貴地世人論龍多喜直長不知

直長是賤籠之體度若貴龍不論高山平岡張翅

橫瀾始能大迎大送成許多美格無論枝幹俱出

大貴按大龍平行則有陽配陰且凡龍穿田則脫

盡殺氣故結福德大地

梧桐枝龍房分均勻芍藥枝配合亦均楊柳枝偏

房分不勻更有枝脚一邊長一邊短本不均勻卽

節節中出枝短一邊有一大枝纏送到頭謂之捲

簾鈥試玉髓經卻有偏生極貴龍名為捲簾登殿

試不論偏斜黃甲及第

龍格

梧桐枝

捲簾殿試

杷梓枝

帝出

芍藥枝

梅花格

蒹葭枝

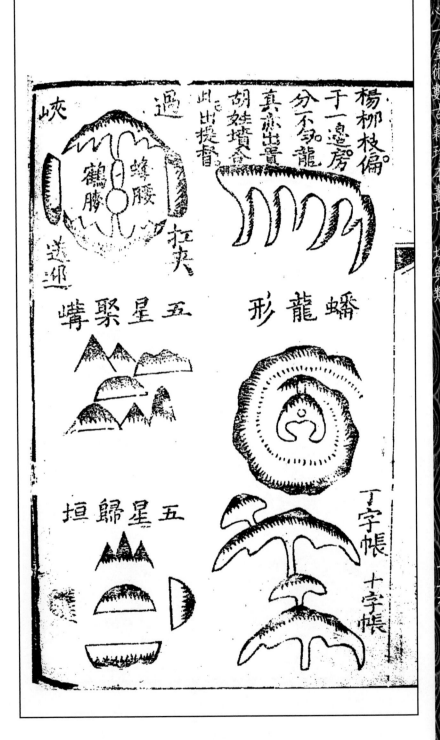

峽

過

楊柳枝偏。
于一邊房
分不匀龍
真亦出賣
胡娃壙合
此出提督。

蜂腰
鶴膝

拋夾
迷邪

五星聚嶂

蟠龍形

五星歸垣

丁字帳

十字帳

脉

龍法出脉化氣論以下三條本地結穴求真

龍訣云那枝虛花那枝實祗在陰陽化氣覓心腰

中出陽坐脉前去定結真奇穴貫頂飽面陰死脉

前去定作羅城列蓋脉從面出是氣得化而生也

脉從背出是氣未化而死也面之形平凹如掌心

其脉或從胃心出或在臍腹出或在陰囊出是為

真龍何也脉脊為陰令化平凹為陽陰陽交媾化

為生也背之形拱震如龜鱉如懷胎其脉貫頂直

微而下是為偽龍何也脈脊為陰今拱背又為陰

是為純陰陰氣不化而為死也即罡殺也

然面出之脈多在旁偷側閃背出之脈多在中峯

頂頂直顯而下俗眼見貫頂顯露又在中峯認作

龍身偷閃隱微認為砂體誤矣尋龍者見背出則

捨之見面出則跟之逐節步去步至灣聚佈局之

所是龍見窠而樓之處也遂于灣聚中之中腰各

處聚穴若得穴象再証之于局砂堂形等法則真

龍真穴未有不得者矣

高大峯巒化氣論

凡見高峯大嶺當觀星體化氣化氣有陰星要間
陽星陽星要間陰星也龍山九星貪狼廉貞武曲
陽星陽星為陰星巨門祿存文曲弼星為陰星龍
破軍輔星為陽星。

身不相間則無化氣也又高大粗蠢為權星低小
員秀為吉星無權星則龍力輕無吉星則殺不化
有殺為權有吉為龍則龍有化氣是吉龍矣

低小山化氣論

低小山高低平等形多似金要有化氣方能結作。

若陰氣未化決無真穴督化氣只督背面面者或

平凹交如掌心或削平如鏡面散者或拱脊如龜脊

或員滿如懷胎步龍者見背出脈則捨之見面出

脈則跟之然面出之脈多偷閃旁側脈勢柔軟小

嶺形多不正俗眼都作砂體背出之脈多是中抽

脈勢雄急山嶺形多不正正俗眼認作真龍所以留

吉地而待有德者賴斯秘以存之也終禍福轉虧

峯巒化氣是論星體之陰陽出脉化氣是論背面

之陰陽皆屬陰陰主死故背出脉為死氣面屬陽

陽主生故面出脉為生氣明乎此則臨山步龍未

走錯路矣

論去水去水穴少有佳者

葬書風水之法得水為上藏風次之俗師多葬去

水則不得水多葬山頂則不藏風無不敗絕雪心

賦氏以化氣去水七吉

賦穴裏風須迴避莫教割耳吹胸面前水要之玄。

最怕當心直奏。

一地學山至盡頭如鎗頭鼠尾施鎗臥鉋斷不可當。

頭下穴蓋直岡窮盡皆殺氣也頭殺馬得不絕露

風走水馬得不貪

又云真龍開局中間脈去山還有幾十座展開手

脚百十里枝枝迴轉為城郭大盡之龍在中間窮

盡非盡盡還鎖人橫龍我說窮窮盡如何又不

龍盡盡鍾山水氣龍窮水劫又風衝要保子孫

望長久教君慎勿葬窮龍

莒心賦覆宗絕嗣皆因水盡山窮滅族亡家必是

砂飛水走窮盡之龍多是去水水去風來故絕開

人字者財絕人不絕。

疑龍經君如尋得幹龍窮二水相交穴受風蓋因

不識真龍脈故把絕地作氣鍾

風水口義二水夾出莫當前宜在左邊或右邊神

仙倒杖須橫作下手雖空也進田。二水夾出莫當

中當中水去十分凶翻身轉向朝来脉發福綿綿

為坐空。

可怪今人多蹇去水地謂之胎向胎流墓向墓流

水去風来無不傾敗即如余祖墓去水地又蒹竄

沙以致房屋不保矣井離鄉有明徵矣余嘗云穴

前朝水福豐隆瑩宅橫平亦有功切忌牽牛去水

地十坟埋下九較彙即出貴亦少結局戒之

水法

凡水來要之玄，去要曲折，橫要灣抱，逆要遮攔流

要平緩，渚要澄清，遠不欲小近不欲大，不欲�

對不欲斜，高不欲撲，低不欲傾，靜不欲動，眾水欲

分合，此者吉反此者凶，至於專論方位不論水之

形勢性情，則非也。

穴前水

穴前以朝水曲來為上，橫抱次之，若橫水過而又

水法

得倉板水朝亦佳雪心賦九曲入明堂當朝宰相

明堂三折水位至三公曲水來朝不拘大澗與小

澗倉板水至惟有田潮勝海潮六圍地學九曲朝

來人大貴之玄流去產奇英不如橫過如弓抱一

切平安久福人。

最忌面前直來直去之水秘要云直八如鎗立見

災殃挺出如箭災殃立見黃囊經去水直最堪傷

堂水傾瀉响琅琅真氣盡從流水去主人喪禍如

驅羊更有少世產死退官失職賣田庄米水直

亦非祥剋穴傷心不可當東西折斷風來往斬頭

徒配起刑傷水主動故其應速如此

九岡朝來大拜金階　倉板來朝富貴英豪一

九岡流去亦吉　名玉階水籤箕水

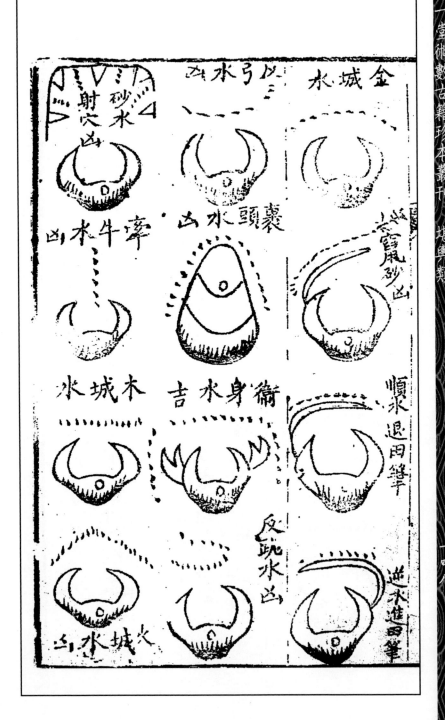

立向

穴山結穴。不拘定正面。左。右肩角。亦結。正面坐...

假真穴多在偏坡。但立向或向山或向水務要堂...

局中正一有偏。側則堂局水城皆偏壅下禍生則...

不可依羅經消水立向不可以棄生氣外發煞氣...

墩向亦宜周正俗師歪斜難看至有倒殺者甚知人。

點穴

高鉗乳突界水。要分明上有分下有合兵分省蝦...

乘金斤

分乙此

誰未知方

召

蟢蟖眼水下合名金魚水有影無形所謂氣止水

交亦是穴也水分處土微高微圓貼金乘金即

乘此金相水即相此合水處以立向也

乘金一名分金者分成金之而土之級齧起

人字水從人字兩邊分去方不入井中謂之水暈

即天輪影也又井中土暈起人笑亦名分金即內

暈也穴真方有此分井中必不生水俗師以羅盤

上兩子兩午半類為分金一毫千里免

蓋穴

粘穴

倚穴直來

撞穴

第三

葬法蓋粘倚撞吞吐浮沉。

來勢徐緩作蓋穴然亦要留頂腦後要有靠樂不

可露風所謂葬頂休傷腦也來勢雄急作粘穴然

亦要留腳忌水淋穴背也來勢直硬作倚穴挨旁

放棺然亦須靠來脈不可就虛脫氣來勢中和作

撞穴然亦有輕撞重撞之分惟視脈氣之厚薄以

為準

火木不可蓋火葬其熖則焚木葬其末則危也水

土豈能粘土蓋其飽豈可脫而粘冰蓋其湧豈可

緩而粘土星蓋倚則崩也

頂薄忌蓋綺薄忌粘詳加斟酌斜舖難倚潤舖難

撞細為消詳

堪輿云龍虎沙高者為死矮者為死短

者為生直者為死曲者為生大者為死小者為生

先到者為生後到者為死點穴要棄死揆生下沙

為財沙立向穿下沙謂之穿繁財頭　是一法不可拘亦

往上往下

一字並

一言穴情

開金井的處說

地學求真穴既點定千穴中再審開井之的處全要曉得移步換形之工夫苟明乎此斷無不的之處假如往上一步便見露風或是門殺或是頑硬或兩邊之山其情就有不專之處如此便要退下假如退下一步便見脫氣或是露風或兩邊之山其情就有不專之處如此便要往上總要上不露風不鬥殺頑硬下不脫氣露風兩邊之山面情專

挨右挨左

必心穴法

必有情才和的止

方有情才和的止

熙。方為的。處。

上下既定，再看左右如何，如過左一步，便見內堂

形不周，或或聚水處偏在一邊，或前後之山情就

不專，如此便要過右，如過右一步，內堂形就不周，

正或水偏一邊，或前後山其情不專，如此便要過

左，總要堂形周正，水聚不偏，前山後山面情專照，

方為的處。

開穴淺深

孟天其云開金井要淺深得宜當淺而深氣從上
過必坐泥水當深而淺氣從下過必生虫蟻難以
預定莫妙於臨時斟酌驗其土色以凖之益堅細
而不鬆油潤而不燥質明而不暗此生氣之土也
若薄則開下一尺三四寸若厚則開下一尺七八
寸只要包過棺內骸骨不必論棺之高低也要多
留氣土以墊棺底使其運蒸悠久不可伐盡氣土

受冷犯濕不可救也。

土色

石山土穴有異紋如花樣者有異色鮮明如錦繡者有紅如硃砂白如鉛粉者有方圓員圞長圞光潤如糊泥似土而非土也土山石穴有梭子紋棋柳紋龜背紋或點點雜出而具五色者皆脆嫩濕潤似石而非石也如此等類皆生氣融結而成至貴之穴也。

穴口暈

穴口外

粗暈嫩

土亦有土

暈

來

穴有暈有外暈有內暈外暈憑此開穴內暈憑此

下棺暈有暈心多是碗大一團白土潤如泥潤

當金井正中乃為得穴外暈即天輪影也

暈中看穿山有如粗暈是石嫩暈是土其粗暈上

必有一條嫩土穿山而來這便是真穿山穿過粗

掌發開為穴真氣嫩土透地而出這便是真透地

真穴不能多藏一棺而已龍長力大窩鉗穴方可

下雙棺多則破暈必敗

以上所論有氣之土，是在有穴有局處論，若無穴

無局處，縱有好土，亦是腐骨也，然亦不可拘泥儻

有好地無好穴土，而發富貴者，重在形勢合法也。

壙中論

葬書乾如聚粟濕如刲肉水泉砂礫皆為凶宅

六經註云水火者生氣之根也，土中之煖氣火也，

土中之潤氣水也，精神交融煖潤相蒸而生氣出

焉，故煖而不潤有火無水則燥烈燥烈者殺氣也，

乘之則發凶禍潤而不煖有水無火則甲濕甲濕

者死氣也乘之則主退敗觀此可知壙中介乾濕

得宜○水火既濟濟乾而不燥潤而不濕所謂滋潤有

煖氣是也。

壙中要清氣微加煖若有煖氣此為上吉若燥氣薰

人薰人是濁氣非吉氣也葬之大凶有冷氣不吉

六圍地學固有燥地穿深洞藏穀其中歷年不壞

葬人則絕嗣是何故哉乾燥亦凶微也吉穴潤澤

但不汎洳。非明哲惡知之。

俗人修空壙以內有汗珠為吉余見葬十餘年開
看壙中有汗珠而棺中有水數寸深者則何説也

俗人以窖陰堆為憑余見窖陰堆數年穀生秋蠶
不壞紅緞色不變修戒空壙仍放蠶穀其中數年
開看壙中有汗珠穀生秋蠶好紅緞好方葬人數
年開看生水泥虫蟻有葬至二三十年開看壙中
乾燥筋骨皆成粉碎者又何説也總之形勢不合

法。龍穴即不真。雖有汗珠穀蛋不壞。紅色亦不變而

不吉。形勢合法。龍穴必真即無汗珠。穀蛋壞紅色

變而亦吉。何也。地理號形家其憑則在形勢合法

而不在試空壙窖陰堆也。

開看舊墳壙中有水泥人知其不吉。壙中乾燥人

便以為吉。而不知乾燥之害甚于泥水。余見棺中

壙中有水泥遷去別葬家中未見發凶棺中壙中

乾燥仍封閉不遷一二年。損四五人。七八人者多

矣。乾燥之害甚于泥水。其誰知之。

形勢不合法。地固不吉。亦有地吉葬凶。而変者地

吉人凶。而変者未可槩論也

四神口訣貴顯大地。有天主宰。不可求。小地處處

有之。無求不得。疑龍經是真不必問大小。積小成

大。最為妙。是者多。縱有大地。力分了。又

曰犬地難求。小易求。積累不已成山邱。眾墳合力

小成大。小地亦能生公侯

作坆法

世俗作坆不得其法、開金井只與棺槨一樣寬、四方高皆堅實、中間一坑高處水從矮處流坆又開裂、陽水流入井中雖有內溝溝眼如指大有水必有泥浮泥一塞水從何出受害即此作法金井要開得寬除作坆堆外。左右面前三方要餘幾尺與井底一樣平櫬外四方作溝後高前低用炭渣填、、、、、、寶溝眼要寬不怕泥塞坆用墻捶堅築坆外左右

塋地要留幾尺寬比井底矮七八寸內高外低埝

前第一台尺餘寬比井底矮七八寸第二台比第

一台又矮七八寸皆內高外低埝後暑作高此陽

水俱從四方流去從何入井坎即開裂有水來多

水浸得出若停蓄不出是陰水非陽水也

求地辨

孟天其云仁人孝子苟竭誠求地以安親天豈肯
阻人行孝而不假以吉地哉但求地有二真一在
積德益積德為求地之本卜氏云吉地為神之所
司善人必天之克相由此觀之則知積德善人未
有不得吉地者也一在擇師得師則得地矣蓋山
川不言其情自見苟遇名師安能遁其情哉但聞
謂名師者學形家又認得山形水勢者也若法家

之師，雖千百中，亦少人認得形勢也。至得地之大

小，亦視其德之厚薄，德厚得大地，德薄得小地，若

無德而多過，雖遇名師，亦難得真穴，冥冥中有主

之者也。吾願天下之求地者，以積德為本，以擇師

為要，庶乎安親可望矣。

出脉

龍訣⼋着太少出脉形只喜陽生不喜陰陰脉龍

節行到此⼋子孫退敗見伶丁。

凡地要龍真脉真穴方真龍假脉假穴即假出脉

處平坦為陽脉拱覆為陰脉陽為生陰為死故脉

主陽不宜陰也龍節與穴遠陰脉猶可入首二三

寸定要陽脉不然主凶。

訣龍若無水不能生經云此水不在，大體上粗。

江出脉斷伏處若三擺三動或有水珠盧鞭蜂腰

爲膝走馬串珠抛梭織錦之玄人宇散見細巧曲

動皆是一點真水成胎前去必結真穴無此穴假

又有王字壬字工字脉尤爲貴徵。

龍身　開帳過峽

龍訣貴龍重重穿出帳賤龍無帳空雄壯帳幕多

時貴亦多一重只是富豪樣又云看龍專看龍過

峽峽與穴情一般洪過峽有扛並有護先被風吹

他的祖墳是真地或平穩地。今新葬的又□□□□□

故墓下卽發也。他的祖墳是假地。今新葬□□□□之□墓

假地。故墓下卽敗也。他亦有真地龍老局寬發得遲。

假地穴美堂好。敗得漫者。此又不可不缺也。

或又曰。俗言福人葬福地。人死地開花。豈不必求

乎。答曰。福人葬福地。言造福之人。方葬發福之地。

是劝人造禍求地。非謂不必求也。若平日不求。死

後荒茫草率了事。害及父母。禍遺子孫。後雖悔之。

亦無及矣。但是福有厚薄。德有大小。德之極大者。

或不謀而偶合。或名師見德指點此鬼神使之也。

千百中一遇耳。若德之小者。及無德無過者必須

專意苦求然後可得。不然斷無得地之理。世人平

日毫無善狀。一死即說他是有福氣之人享富貴

之地。有是理乎。痴人說夢其誰信之。至於不善之

家無論不求。即費千百用心苦求必逢青盲假術

或執已見而自誤或已葬真地因事故而更改此

亦兎神使然。吾願世之求地安親者。急早積德墳

養心地有孝弟忠信禮義廉恥之德而又公平正

直厚道待人不枉取人錢。不過取人錢矜孤恤寡

老。憐貧必得吉地矣。

又問曰富貴貧賤世人多言命相生成子獨言出

於地蔭何也。答曰地蔭乃屬前定而命相是後趨

子孫是祖宗遺體。祖宗屍骸隨地而蔭子孫命稱

亦因地而出如祖宗葬富貴之地蔭出子孫是富

貴命相祖宗墳窮絕之地蔭出子孫窮絕命相天

下之人事不齊由於天下之地形不一故有生同

年月日時此人富貴彼人貧窮此人貌美彼人貌

陋若非各人祖坟所蔭使然安有命同而興敗象

同也何世人只信命相而於祖塋之所蔭反為不

足信甚至鄙為妄談其亦不揣其本矣。

或又曰葬親以落土為安若遍處尋地是將親骸

以求富貴似非人子所宜為答曰得上為安其得

有氣之土始安中，然得泉壤之土亦安乎試問安
與不安親之魂能言乎日不能曾開棺看乎日未
看既不能言又未開看何由知其安也此乃惜財
薄親者畏難苟安隨便了事苟且塞責妄説妄字
以謝責耳豈知得土為安災免土中之患而後安
謝責耳豈知得土為安災免土中之患而後安
中之患而骨色燦華七者安寧生者發福若塟於
須塟於山水氣鍾之處槨內之氣溫熱熱則免土
山水氣散之處槨內之氣冷凝冷則未免土中之

國戒間

患而髏骨腐亡靈不安子孫敗絕不孝莫大焉

古人云生順則死安先靈之安與不安無從竇知

惟有子孫可驗子孫興旺則知先靈安子孫衰敗

則知先靈不安蓋子孫根係於祖宗根好枝必茂

根壞枝必傷此一脈相通千古不易之理也菩程

于論五患常除朱子三遷其毋賢哲擇地之慎重

班班可考而惜財畏難者妄言落土為安以謝責

豈人乎乎之心所安哉

此因地理錯誤已極，無人講究形勢，有心求地者，不得其人。余因照前人書，略述其端，引入入門，不錯。非敢著書行世也。但地理無窮，須多看形勢書，多走山上山，要形家名師指點，龍穴沙水氣脉學，到十分方可行。若祇見此書遂行，必誤大事救世，金丹有言庸醫妄診，地師淺怨結萬年，絕代三慎之戒之。

安溪余天藻謹識

終

心一堂術數古籍珍本叢刊　第一輯書目

一

心一堂術數古籍珍本叢刊　第一輯書目

編號	書名	作者	提要
91	地學形勢摘要	心一堂編	形家秘鈔珍本
92	《平洋地理入門》《巒頭圖解》合刊	[清]盧崇台	平洋水法、形家秘本
93	《鑒水極玄經》《秘授水法》合刊	[唐]司馬頭陀、[清]鮑湘襟	千古之秘，不可妄傳匪人
94	平洋地理闡秘	心一堂編	雲間三元平洋形法秘鈔珍本
95	地經圖說	[清]余九皋	形勢理氣、精繪圖文
96	司馬頭陀地鉗	[唐]司馬頭陀	流傳極稀《地鉗》
97	欽天監地理醒世切要辨論	[清]欽天監	公開清代皇室御用風水真本

三式類

編號	書名	作者	提要
98-99	大六壬尋源二種	[清]張純照	六壬入門、占課指南
100	六壬教科六壬鑰	[民國]蔣問天	由淺入深、首尾悉備
101	壬課總訣	心一堂編	過去術家不外傳的珍稀
102	六壬秘斷	心一堂編	六壬術秘鈔本
103	大六壬類闡	心一堂編	
104	六壬秘笈——韋千里占卜講義	[民國]韋千里	六壬入門必備
105	壬學述古	[民國]曹仁麟	依法占之，「無不神驗」
106	奇門揭要	心一堂編	集「法奇門」、「術奇門」精要
107	奇門大宗直旨	[清]劉文瀾	條理清晰、簡明易用
108	奇門行軍要略	劉毗	天下孤本　首次公開
109	奇門三奇干支神應	馮繼明	虛白廬藏本《秘藏遁甲天機》
110	奇門仙機	題[漢]張子房	神
111	奇門心法秘篡	題[漢]韓信（淮陰侯）	奇門不傳之秘　應驗如
112	奇門廬中闡秘	題[三國]諸葛武侯註	

選擇類

編號	書名	作者	提要
113-114	儀度六壬選日要訣	[清]張九儀	清初三合風水名家張九儀擇日秘傳
115	天元選擇辨正	[清]一園主人	釋蔣大鴻天元選擇法

其他類

編號	書名	作者	提要
116	述卜筮星相學	[民國]袁樹珊	民初二大命理家南袁北韋
117-120	中國歷代卜人傳	[民國]袁樹珊	南袁之術數經典

四